Como Crear un Blog Optimizado

Encuentra el camino hacia el éxito para destacar en un mundo digital saturado + Optimización de motores de búsqueda (SEO)

Francisco González

Copyright © Francisco González
Todos los derechos reservados.
ISBN: 9798570486614

Quiero expresarte mi más sincero agradecimiento por haber elegido este libro, el cual espero que pueda ayudarte a **entender mejor el marketing**.

Si necesitas contactarme por cualquier asunto relacionado con este Ebook, por favor hazlo a través de los comentarios, intentaré responder a la mayor brevedad posible.

Este Ebook está protegido por las leyes que rigen cualquier obra de este tipo. Esta estrictamente prohibido su copia, modificación, o distribución total o parcial por cualquier vía sin el permiso expreso del autor.

Exención de responsabilidad

Este libro ha sido escrito con la intención de proporcionar información general y entretenimiento. El autor ha realizado todos los esfuerzos razonables para asegurarse de que la información contenida en este libro sea precisa y actualizada en el momento de su publicación. Sin embargo, no se garantiza la exactitud, exhaustividad o actualidad de dicha información.

El contenido de este libro no pretende sustituir el asesoramiento profesional, médico, legal o financiero. Los lectores deben consultar a profesionales adecuados en relación con su situación específica antes de tomar cualquier acción basada en la información presentada en este libro.

El autor y el editor no se hacen responsables de ninguna pérdida, daño o inconveniente causado como resultado del uso de la información contenida en este libro.

Tabla de contenido

Introducción 1
Capítulo 1; Estableciendo los Cimientos para un Blog Exitoso y Optimizado 4
    Elección de la plataforma de blogging adecuada 7
    Registro de un dominio relevante y confiable 11
    Selección de un alojamiento web confiable 14
    Configuración inicial del blog 18
    Incorporación de elementos esenciales 22
    Creación de una estrategia de contenido inicial 28
    Establecimiento de una estructura de navegación efectiva 31
    Configuración de herramientas de análisis 34
    Resumen del Capítulo 1 37
Capítulo 2; Fundamentos del blogging 41
    Importancia del contenido de calidad 44
    Estructura y elementos de un artículo de blog 48
    Técnicas de escritura para blogs 51
    Optimización para motores de búsqueda (SEO) 54
    Promoción y difusión del contenido del blog 57

- Interacción y participación de la audiencia 60
- Monetización del blog 62
- Métricas y análisis de rendimiento 66
- Resumen del Capítulo 2 70

Capítulo 3; Creación de contenido de calidad 73
- Identificación de tu audiencia y sus necesidades 75
- Generación de ideas de contenido 78
- Planificación y estructuración del contenido 80
- Escritura efectiva y persuasiva 83
- Optimización del contenido para SEO 86
- Uso de elementos visuales y multimedia 90
- Edición y revisión de contenido 93
- Llamadas a la acción efectivas 96
- Resumen del Capítulo 3 99

Capítulo 4; Diseño y usabilidad del blog 102
- Principios de diseño web para blogs 104
- Elementos clave del diseño del blog 106
- Optimización de la velocidad de carga del blog 108
- Mejora de la accesibilidad del blog 111
- Pruebas y optimización del diseño y la usabilidad 113
- Integración de elementos interactivos 116
- Optimización del diseño para SEO 118
- Resumen del capítulo 4 121

Capítulo 5; SEO para blogs 125

Investigación de palabras clave; 127

Optimización de contenido para palabras clave; 130

Optimización técnica del blog; 133

Creación de enlaces entrantes (backlinks); 136

Optimización local para blogs de alcance geográfico; 139

Análisis y seguimiento del rendimiento SEO; 142

Resumen del capítulo 5 145

Capítulo 6; Promoción y marketing del blog 148

Estrategias de promoción de contenido; 150

Optimización de las redes sociales para la promoción del blog; 153

Técnicas de SEO para la promoción del blog; 156

Colaboraciones y asociaciones estratégicas; 158

Monetización del blog; 161

Análisis y seguimiento de resultados de promoción y marketing; 163

Resumen del capítulo 6 166

Capítulo 7; Analítica y seguimiento del rendimiento 169

Herramientas de analítica para el seguimiento del rendimiento 171

Configuración e implementación de Google Analytics ... 174

Métricas clave para el seguimiento del rendimiento 177

Interpretación y análisis de datos 179

Ajustes y mejoras basados en los resultados del análisis .. 181

Informes y presentación de datos 183

Seguimiento del rendimiento a largo plazo 185

Resumen del capítulo 7 187

Capítulo 8; Mantenimiento y seguridad del blog 190

Actualización y gestión del sistema de gestión de contenido (CMS) 193

Copias de seguridad y recuperación de datos 198

Protección contra amenazas y ataques cibernéticos 202

Gestión de comentarios y spam 205

Optimización del rendimiento y velocidad del blog 208

Monitorización y detección de problemas 211

Plan de contingencia y recuperación de desastres 213

Resumen del capítulo 8 217

Capítulo 9; Crecimiento y escalabilidad del blog 221

Definición de metas y objetivos de crecimiento; 223

Estrategias para aumentar la audiencia del blog; 227

Expansión y diversificación del contenido del blog; 230

Monetización avanzada del blog; 232

Optimización del rendimiento técnico del blog; 235

Automatización y delegación de tareas; 237

Gestión de la comunidad y fidelización de audiencia; 240

Resumen del capítulo 9 242

Capítulo 10; Sostenibilidad, evolución y construcción de autoridad a largo plazo 246

La mentalidad del blogger a largo plazo 249

Evolución del blog; adaptarse sin perder la esencia 252

Construcción de marca personal y autoridad en tu nicho 255

Casos de éxito reales (breves y aplicables) 258

Tu hoja de ruta a largo plazo; de hoy a los próximos 5 años 261

Tu blog es tu plataforma — úsala 264

Conclusión 267

Sobre el autor 270

Otros títulos del autor 273

Introducción

¡**P**repárate para descubrir el mundo del blogging de una manera completa y optimizada! Este libro es una herramienta imprescindible para todos aquellos que deseen construir un blog exitoso y lograr el reconocimiento que se merecen en el vasto universo digital.

En sus páginas encontrarás una guía detallada y exhaustiva que abarca desde los conceptos básicos hasta las estrategias más avanzadas. Cada capítulo ha sido cuidadosamente diseñado para proporcionarte todos los conocimientos y herramientas necesarios para destacar en el mundo del blogging.

Imagina poder crear contenido cautivador y relevante que atraiga a una audiencia fiel y comprometida. Aprenderás a identificar tu nicho, comprender a tu público objetivo y desarrollar una estrategia de contenido efectiva que te permita marcar la diferencia.

Pero eso no es todo. En este libro, también explorarás **técnicas de optimización para motores de búsqueda (SEO)** que te ayudarán a posicionar tu blog en los primeros resultados de búsqueda, generando un mayor tráfico y visibilidad.

Descubrirás cómo aprovechar las redes sociales, colaboraciones y otras estrategias de marketing para expandir tu audiencia y aumentar tu presencia en línea. Pero el éxito de un blog no solo depende de la creación de contenido. La seguridad y el mantenimiento adecuados son aspectos fundamentales para garantizar un blog estable y protegido.

Aprenderás a mantener tu CMS actualizado, realizar copias de seguridad periódicas y proteger tu blog contra amenazas cibernéticas, brindando tranquilidad y confianza a tus lectores.

Y eso no es todo. Este libro también te guiará en la monetización de tu blog de manera inteligente y ética. Descubrirás estrategias avanzadas de monetización como la creación de cursos en línea, la venta de productos digitales y el marketing de afiliados, lo que te permitirá convertir tu pasión en una fuente de ingresos sostenible.

Este libro es el recurso definitivo para aquellos que desean dominar el arte del blogging y alcanzar el éxito en el mundo digital. No importa si eres un principiante o un blogger experimentado, este libro te brindará las herramientas, estrategias y consejos prácticos necesarios para llevar tu blog al siguiente nivel.

¿Estás listo para marcar la diferencia y alcanzar tus metas con un blog optimizado?

¡No esperes más y sumérgete en este apasionante viaje hacia el éxito digital!

Más libros en; https;//amzn.to/3qzBZWt

Capítulo 1; Estableciendo los Cimientos para un Blog Exitoso y Optimizado

Antes de embarcarte en la creación de un blog es fundamental tener claridad sobre tus objetivos y el propósito que deseas lograr con él. ¿Quieres compartir tus conocimientos en un campo específico? ¿Deseas promover tus productos o servicios? ¿Buscas establecerte como una autoridad en tu nicho?

Definir tus objetivos te proporcionará una dirección clara y te ayudará a tomar decisiones estratégicas a lo largo del proceso. Al definir los objetivos de tu blog es importante que sean específicos, medibles, alcanzables, relevantes y con un límite de tiempo.

Por ejemplo, en lugar de establecer un objetivo general como "Quiero tener un blog exitoso", podrías establecer un objetivo específico como "Quiero aumentar el tráfico de mi blog en un 50% en los próximos seis meses". Estos objetivos claros te permitirán evaluar tu progreso y ajustar tus estrategias en consecuencia.

Identificación de tu audiencia objetivo y nicho de mercado;

El éxito de un blog depende en gran medida de comprender a quién te diriges y adaptar tu contenido y enfoque para satisfacer sus necesidades e intereses. Identificar tu audiencia objetivo implica definir el perfil demográfico, los intereses, los problemas y las aspiraciones de las personas a las que deseas llegar con tu blog. Una vez que tengas una comprensión clara de tu audiencia objetivo, es crucial elegir un nicho de mercado en el que puedas destacar.

Un nicho de mercado se refiere a una segmentación más específica dentro de un tema más amplio. Por ejemplo, en lugar de abordar el tema genérico de la salud y el bienestar, podrías enfocarte en un nicho más específico como la alimentación saludable para madres ocupadas.

Identificar tu nicho de mercado te brinda la oportunidad de diferenciarte de la competencia y establecerte como un experto en un área particular. Al centrarte en un nicho específico, puedes crear contenido relevante y valioso para tu audiencia objetivo, lo que a su vez generará un mayor interés y participación.

Investigación de la competencia y análisis de las tendencias del mercado;

Antes de sumergirte en la creación de tu blog, es fundamental realizar una investigación exhaustiva de la competencia y analizar las tendencias del mercado en tu nicho. Observar a tus competidores te brinda la oportunidad de aprender de sus éxitos y desafíos, identificar lagunas en el mercado y encontrar formas de diferenciarte.

Analizar las tendencias del mercado te permite mantenerte al día con los cambios y las demandas de tu audiencia. Puedes identificar qué tipos de contenido están generando más interacción, qué temas están en auge y qué formatos de contenido son más populares. Esto te ayudará a adaptar tu estrategia de contenido y mantener tu blog relevante y actualizado.

Al investigar a tu competencia y analizar las tendencias del mercado, recuerda que no se trata de copiar lo que hacen, sino de obtener información valiosa para mejorar y diferenciarte. Observa cómo se están posicionando, qué estrategias de marketing utilizan y cómo interactúan con su audiencia. Utiliza esta información para desarrollar tu propio enfoque único y brindar un valor adicional a tu audiencia.

La planificación y la investigación son fundamentales para establecer los cimientos de un blog exitoso y optimizado. Definir tus objetivos te proporciona una dirección clara, identificar tu audiencia objetivo y nicho de mercado te ayuda a adaptar tu contenido para satisfacer sus necesidades, y realizar investigaciones de competencia y análisis de mercado te permite aprender de otros y mantener tu blog relevante.

Estos pasos iniciales te ayudarán a establecer una base sólida y a tomar decisiones estratégicas a medida que avanzas en tu camino de blogging.

Elección de la plataforma de blogging adecuada

Cuando se trata de elegir la plataforma de blogging adecuada, es importante realizar una comparación exhaustiva de las opciones disponibles.

Dos de las plataformas más populares son WordPress y Blogger, pero también hay otras como Wix, Squarespace y Medium. Cada una tiene sus propias ventajas y desventajas, por lo que es fundamental evaluarlas de manera cuidadosa.

WordPress es una opción muy popular y versátil que ofrece una amplia gama de características y funcionalidades. Es conocida por su flexibilidad y personalización, lo que permite adaptar el aspecto y la funcionalidad del blog de acuerdo a tus necesidades.

Además, WordPress cuenta con una gran comunidad de desarrolladores y usuarios que ofrecen soporte y una amplia variedad de temas y plugins para ampliar las funcionalidades de tu blog. Por otro lado, Blogger es una plataforma propiedad de Google que ofrece una interfaz sencilla y fácil de usar.

Es una opción ideal si estás comenzando y no tienes experiencia técnica, ya que no requiere conocimientos avanzados de programación. Sin embargo, tiene menos opciones de personalización y funcionalidades en comparación con WordPress.

Otras plataformas como Wix, Squarespace y Medium también tienen sus propias características y beneficios. Wix es conocido por su facilidad de uso y sus hermosos diseños, mientras que Squarespace ofrece una experiencia de diseño más elegante y enfocada en sitios web profesionales. Medium es una plataforma popular para bloggers que buscan una comunidad de lectores más amplia y una interfaz minimalista.

Evaluación de las características y funcionalidades de cada plataforma;

Al elegir una plataforma de blogging, es importante evaluar las características y funcionalidades que ofrecen. Considera aspectos como la capacidad de personalización del diseño, la facilidad de uso del editor de contenido, la capacidad de integración con herramientas externas, la disponibilidad de opciones de SEO y la capacidad de crecimiento y escalabilidad.

WordPress se destaca por su amplia gama de temas y plugins, lo que permite personalizar el diseño y agregar funcionalidades adicionales según tus necesidades. También ofrece una interfaz de edición de contenido intuitiva y opciones avanzadas de SEO para optimizar tu blog para los motores de búsqueda.

Blogger, por su parte, ofrece una interfaz sencilla de usar con opciones básicas de personalización. Si buscas una solución más simple y directa, Blogger puede ser una buena opción, especialmente si no tienes experiencia técnica.

Consideración de factores como la facilidad de uso, la personalización y la escalabilidad;

Además de las características y funcionalidades, es importante considerar otros factores al elegir una plataforma de blogging, como la facilidad de uso, la personalización y la escalabilidad. La facilidad de uso es especialmente relevante si eres nuevo en el mundo del blogging. Si no tienes experiencia técnica, es posible que prefieras una plataforma con una interfaz intuitiva y un editor de contenido fácil de usar.

En este sentido, Blogger y plataformas como Wix y Squarespace suelen ser opciones más amigables para principiantes. La personalización es otro aspecto importante a considerar. Si deseas tener un control total sobre el diseño y la apariencia de tu blog, es posible que desees optar por una plataforma como WordPress, que ofrece una amplia gama de opciones de personalización.

Sin embargo, si no te importa tanto la personalización y prefieres una solución más rápida y fácil, Blogger o Medium podrían ser opciones adecuadas. La escalabilidad es esencial si planeas hacer crecer tu blog a largo plazo. Debes considerar si la plataforma que elijas puede manejar un mayor tráfico y la incorporación de nuevas funcionalidades a medida que tu blog se expanda.

En este sentido, WordPress es conocido por su capacidad de escalabilidad, ya que ofrece opciones de alojamiento más avanzadas y una comunidad de desarrolladores que constantemente crean nuevas soluciones para mejorar el rendimiento y la funcionalidad del blog.

Al elegir una plataforma de blogging, es importante comparar las opciones disponibles, evaluar las características y funcionalidades que ofrecen y considerar factores como la facilidad de uso, la personalización y la escalabilidad. No hay una respuesta única, ya que la elección dependerá de tus necesidades y preferencias específicas. Tómate el tiempo necesario para investigar y probar diferentes plataformas antes de tomar una decisión final.

Registro de un dominio relevante y confiable

El registro de un dominio es uno de los primeros pasos importantes al crear un blog optimizado. Tu nombre de dominio es la dirección web única que identificará tu blog en Internet, por lo que es crucial elegir uno que sea memorable y esté relacionado con tu nicho o tema principal.

Cuando elijas un nombre de dominio, considera que sea corto, fácil de recordar y que refleje la temática o el propósito de tu blog. Por ejemplo, si tu blog trata sobre consejos de viaje, podrías considerar un nombre como "ViajerosExpertos.com". Evita usar nombres complicados o difíciles de escribir, ya que esto puede dificultar que los usuarios encuentren y recuerden tu blog.

Además, asegúrate de que el nombre de dominio esté disponible para su registro. Puedes verificar la disponibilidad a través de servicios de registro de dominio confiables, como Namecheap, utilizando su función de búsqueda de dominio. Esto te permitirá asegurarte de que no haya otro sitio web utilizando el mismo nombre de dominio y evitar conflictos.

Exploración de opciones de registro de dominio confiables;

Una vez que hayas elegido el nombre de dominio adecuado, es importante buscar opciones de registro de dominio confiables. Hay numerosos registradores de dominio disponibles en el mercado, y es esencial elegir uno que ofrezca una reputación sólida, precios competitivos y un buen servicio al cliente.

Al seleccionar un registrador de dominio, verifica si ofrecen servicios adicionales, como protección de privacidad de dominio. Esta función oculta tus datos personales de la información pública asociada con tu nombre de dominio, lo que ayuda a protegerte del spam y el robo de identidad.

También es recomendable elegir un registrador que ofrezca una interfaz de administración de dominios intuitiva y fácil de usar, lo que te permitirá gestionar tu dominio de manera eficiente. Investiga y compara los precios, características y opiniones de los usuarios para encontrar la opción que mejor se adapte a tus necesidades.

Consideración de estrategias de protección y renovación de dominios;

Una vez que hayas registrado tu dominio, es esencial implementar estrategias de protección y renovación para asegurarte de que siga siendo confiable y esté en tus manos a largo plazo. La protección de dominio, como se mencionó anteriormente, es importante para mantener tu información personal segura y prevenir posibles problemas de seguridad. Asegúrate de habilitar la protección de privacidad del dominio, si está disponible, para mantener tus datos personales ocultos.

Además, es fundamental renovar tu dominio antes de que expire. Muchos registradores de dominio ofrecen opciones de renovación automática para evitar que tu dominio caduque accidentalmente. Configura una notificación o recordatorio para renovar tu dominio a tiempo y evita posibles interrupciones en la disponibilidad de tu blog.

Recuerda que tu dominio es una parte crucial de tu marca en línea, por lo que debes cuidarlo y asegurarte de que esté siempre bajo tu control. Mantén un registro de las fechas de vencimiento y renueva tu dominio a tiempo para evitar inconvenientes.

El registro de un dominio relevante y confiable es fundamental para construir un blog optimizado. Elige un nombre de dominio memorable y relacionado con tu nicho, utiliza un registrador de dominio confiable y considera la protección y renovación adecuadas. Al hacerlo, establecerás una base sólida para tu presencia en línea y garantizarás que tu blog sea accesible y confiable para tu audiencia.

Selección de un alojamiento web confiable

Cuando se trata de seleccionar un alojamiento web confiable para tu blog, es importante comprender las diferentes opciones disponibles. Algunas de las opciones comunes incluyen el alojamiento compartido, el alojamiento VPS (Servidor Privado Virtual) y el alojamiento dedicado.

1. **Alojamiento compartido**; Es la opción más económica y popular para principiantes. En el alojamiento compartido, tu sitio web se aloja en un servidor compartido con otros sitios web.

Esto significa que compartes recursos como la potencia del servidor y el ancho de banda con otros usuarios. Aunque es una opción económica, puede haber limitaciones en cuanto a la velocidad y el rendimiento, ya que los recursos se comparten entre varios sitios web.

2. **Alojamiento VPS**; En el alojamiento VPS, tu sitio web se aloja en un "entorno virtualizado" en un servidor físico. Obtienes más recursos y control sobre tu entorno, lo que resulta en un mejor rendimiento y una mayor flexibilidad en comparación con el alojamiento compartido.

Aunque compartes el servidor físico con otros usuarios, cada VPS tiene recursos asignados específicamente para garantizar un rendimiento más estable.

3. **Alojamiento dedicado**; En el alojamiento dedicado, tienes un servidor completo dedicado exclusivamente a tu sitio web. Esto te brinda el máximo control y recursos disponibles.

Es la opción más cara y se recomienda para sitios web con un alto volumen de tráfico y requisitos especiales de rendimiento.

Evaluación de proveedores de alojamiento confiables y seguros;

Una vez que hayas determinado el tipo de alojamiento que mejor se adapta a tus necesidades, es fundamental evaluar los proveedores de alojamiento web confiables y seguros.

Algunos aspectos a considerar incluyen;

1. **Reputación**; Investiga la reputación del proveedor en la industria del alojamiento web. Lee reseñas y opiniones de otros usuarios para conocer la calidad del servicio que ofrecen.

2. **Fiabilidad**; Asegúrate de que el proveedor de alojamiento tenga una alta tasa de tiempo de actividad (uptime). Un buen proveedor debe

garantizar un tiempo de actividad cercano al 100% para evitar interrupciones en el funcionamiento de tu sitio web.

3. **Seguridad**; Verifica qué medidas de seguridad implementa el proveedor para proteger tus datos y tu sitio web de posibles amenazas. Busca proveedores que ofrezcan certificados SSL, copias de seguridad regulares y protección contra ataques DDoS.

4. **Escalabilidad**; Considera si el proveedor de alojamiento puede crecer contigo a medida que tu blog se expanda. Asegúrate de que ofrezcan opciones de actualización o migración sin problemas a planes de alojamiento más avanzados a medida que aumente tu tráfico y necesidades de recursos.

Consideración de factores como la velocidad, el soporte técnico y la escalabilidad;

Además de evaluar la confiabilidad y seguridad del proveedor de alojamiento, también es importante considerar otros factores como la velocidad, el soporte técnico y la escalabilidad.

1. **Velocidad**; Un alojamiento web rápido es esencial para brindar una experiencia positiva a tus visitantes. Verifica si el proveedor ofrece servidores optimizados, almacenamiento en caché y tecnologías de aceleración, como CDN

(Content Delivery Network), para garantizar una carga rápida de tu sitio web.

2. **Soporte técnico**; Asegúrate de que el proveedor de alojamiento ofrezca un soporte técnico eficiente y confiable. Deben estar disponibles las 24 horas del día, los 7 días de la semana, y preferiblemente a través de múltiples canales de comunicación, como chat en vivo, correo electrónico o teléfono. Esto te ayudará a resolver cualquier problema técnico de manera oportuna.

3. **Escalabilidad**; Considera si el proveedor de alojamiento puede adaptarse a tus necesidades futuras. A medida que tu blog crezca y generes más tráfico, es posible que necesites más recursos. Asegúrate de que el proveedor ofrezca opciones de actualización sin problemas y la capacidad de manejar aumentos en el tráfico de manera eficiente.

La selección de un alojamiento web confiable es esencial para garantizar que tu blog optimizado funcione sin problemas. Comprende las diferentes opciones de alojamiento, evalúa proveedores confiables y seguros, y considera factores como la velocidad, el soporte técnico y la escalabilidad.

Al hacerlo, estarás en el camino correcto para proporcionar una experiencia positiva a los visitantes de tu blog y asegurar su éxito a largo plazo.

Configuración inicial del blog

Una vez que hayas elegido la plataforma de blogging adecuada para tu blog optimizado, el siguiente paso es instalar y configurarla. La mayoría de las plataformas, como WordPress, ofrecen procesos de instalación sencillos y asistentes que te guiarán a través de los pasos necesarios.

Primero, deberás obtener un servidor de alojamiento compatible con la plataforma de blogging que has seleccionado. Esto implica elegir un proveedor de alojamiento web confiable que cumpla con los requisitos técnicos de la plataforma. Si optas por WordPress, por ejemplo, necesitarás un servidor que admita PHP y MySQL.

Una vez que tengas tu servidor de alojamiento, podrás comenzar con la instalación de la plataforma. Esto generalmente implica descargar los archivos necesarios, cargarlos en tu servidor y completar el proceso de instalación siguiendo las instrucciones proporcionadas.

Después de la instalación, deberás configurar la plataforma según tus preferencias. Esto incluye establecer ajustes generales, como el idioma, la zona horaria y la configuración de la URL. También es importante establecer una contraseña segura para proteger el acceso a tu panel de administración.

Personalización del aspecto y diseño del blog;

Una vez que hayas configurado la plataforma de blogging, es el momento de personalizar el aspecto y diseño de tu blog. Esto te permitirá crear una identidad visual única y atractiva que refleje tu marca y atraiga a tu audiencia. La mayoría de las plataformas de blogging ofrecen una amplia gama de temas (themes) preinstalados y personalizables. Puedes explorar y elegir un tema que se ajuste a tu estilo y necesidades.

Asegúrate de seleccionar un tema que sea compatible con la versión de tu plataforma y que sea receptivo (responsive), es decir, que se adapte correctamente a diferentes dispositivos y tamaños de pantalla. Una vez que hayas elegido un tema, podrás personalizarlo mediante opciones de personalización proporcionadas por la plataforma.

Estas opciones pueden incluir cambios en los colores, fuentes, encabezados, pies de página y otras características visuales. También puedes agregar tu logotipo y otros elementos de diseño para darle un toque único a tu blog. Recuerda mantener el diseño limpio y legible, evitando la saturación de elementos visuales o la dificultad para leer el contenido.

La navegación intuitiva y la estructura clara también son aspectos importantes para mejorar la experiencia de los usuarios en tu blog.

Configuración de permalinks optimizados para una estructura de URL amigable;

La configuración de los permalinks es otro paso esencial en la configuración inicial de tu blog. Los permalinks son las URL permanentes que se utilizan para acceder a tus publicaciones y páginas. Es importante configurarlos correctamente para que sean amigables tanto para los usuarios como para los motores de búsqueda.

Las plataformas de blogging generalmente ofrecen opciones de configuración de permalinks, donde puedes seleccionar una estructura de URL preferida. La estructura más recomendada es aquella que incluye el título de la publicación o página, ya que esto proporciona información relevante y descriptiva sobre el contenido.

Por ejemplo, en lugar de tener una URL como "tublog.com/p=123", es preferible tener una URL como "tublog.com/nombre-de-publicacion". Esto no solo hace que las URL sean más legibles y fáciles de recordar, sino que también mejora la optimización para motores de búsqueda (SEO).

Establecimiento de títulos y descripciones meta relevantes para mejorar el SEO;

Los títulos y descripciones meta son elementos clave para mejorar el SEO de tu blog. Estos elementos proporcionan información importante a los motores de búsqueda y a los usuarios sobre el contenido de tu blog. Asegúrate de establecer títulos y descripciones meta relevantes y descriptivos para cada una de tus publicaciones y páginas. Los títulos deben ser concisos y captar la atención del lector, mientras que las descripciones deben proporcionar un resumen claro y atractivo del contenido.

Incluye palabras clave relevantes en tus títulos y descripciones meta, pero evita el relleno de palabras clave excesivo. Deben ser naturales y ofrecer un valor real para los usuarios. Recuerda que los motores de búsqueda utilizan esta información para mostrar tus páginas en los resultados de búsqueda, por lo que una buena optimización de los títulos y descripciones puede aumentar la visibilidad de tu blog.

La configuración inicial de tu blog es un paso crucial para asegurar un comienzo exitoso. Esto incluye la instalación y configuración de la plataforma de blogging elegida, la personalización del aspecto y diseño, la configuración de permalinks optimizados y el establecimiento de títulos y descripciones meta relevantes.

Con estos elementos en su lugar, estarás preparado para comenzar a crear y publicar contenido en tu blog optimizado.

Incorporación de elementos esenciales

Los widgets y plugins son herramientas poderosas que pueden mejorar la funcionalidad y la experiencia del usuario en tu blog optimizado. Estos elementos te permiten agregar características adicionales y personalizar aún más tu sitio.

Algunos widgets comunes que puedes considerar incluir son;

- **Barra lateral**; Agrega widgets como un formulario de búsqueda, una lista de categorías, etiquetas populares o publicaciones recientes para facilitar la navegación y la búsqueda de contenido en tu blog.

- **Redes sociales**; Integra widgets de redes sociales para que los visitantes puedan compartir tu contenido fácilmente en plataformas como Facebook, Twitter, Instagram, etc. Esto aumentará la visibilidad de tu blog y te ayudará a construir una comunidad en línea.

- **Comentarios**; Agrega un widget de comentarios para fomentar la participación de los lectores y permitirles dejar comentarios y opiniones sobre tus publicaciones. Esto promoverá la interacción y generará conversaciones en tu blog.

Además de los widgets, los **plugins** son herramientas adicionales que puedes instalar para mejorar la funcionalidad de tu blog.

Algunos plugins útiles pueden incluir;

- **Optimización de SEO**; Instala un plugin de SEO para optimizar tu contenido y mejorar tu visibilidad en los motores de búsqueda. Estos plugins te permiten agregar metadatos, generar sitemaps XML, gestionar enlaces internos y realizar otras optimizaciones para mejorar tu posicionamiento en los resultados de búsqueda.

- **Seguridad**; Utiliza un plugin de seguridad para proteger tu blog de posibles ataques y amenazas. Estos plugins pueden proporcionar funciones como detección de malware, protección contra fuerza bruta, firewall y monitoreo de seguridad en tiempo real.

- **Respaldo y restauración**; Configura un plugin de respaldo automático para asegurarte de que siempre tengas una copia de seguridad de tu blog. En caso de cualquier problema, podrás restaurar fácilmente tu sitio a una versión anterior.

Recuerda investigar y elegir widgets y plugins confiables y bien mantenidos. Demasiados plugins pueden ralentizar la carga de tu sitio, por lo que es importante elegir solo aquellos que realmente necesitas.

Configuración de formularios de suscripción y opciones de contacto;

La captación de suscriptores y la comunicación con tus lectores es esencial para el éxito de tu blog. Configurar formularios de suscripción y opciones de contacto te permitirá construir una base de seguidores leales y establecer una comunicación directa con ellos.

Un formulario de suscripción te permitirá recopilar direcciones de correo electrónico de tus visitantes interesados en recibir actualizaciones de tu blog.

Puedes utilizar servicios de correo electrónico como [Aweber](https://free-trial-start.aweber.com) (https;//free-trial-start.aweber.com), [Getresponse](), MailChimp o ConvertKit para configurar formularios de suscripción personalizables y automatizar el envío de boletines informativos y contenido relevante. Además del formulario de suscripción, es importante proporcionar opciones de contacto para que los visitantes puedan comunicarse contigo.

Puedes agregar una página de contacto o incluir información de contacto en la barra lateral o en el pie de página de tu blog. Asegúrate de incluir una dirección de correo electrónico o un formulario de contacto para que los visitantes puedan enviarte mensajes directamente.

Creación de una página "Acerca de" para presentarte a tu audiencia;

La página "Acerca de" es una sección fundamental en tu blog, ya que te brinda la oportunidad de presentarte a tu audiencia y establecer una conexión personal con ellos. Esta página es donde puedes contar tu historia, compartir tus valores, experiencia y objetivos con tus lectores.

Al crear tu página "Acerca de", ten en cuenta los siguientes elementos;

- **Introducción personal**; Comienza presentándote y compartiendo quién eres. Habla sobre tus intereses, tu experiencia y cómo te apasiona el tema de tu blog. Esto ayudará a generar una conexión con tus lectores desde el principio.

- **Objetivos y propósito del blog**; Explica por qué decidiste crear el blog y cuáles son tus objetivos. Comparte cómo esperas ayudar a tu audiencia y qué tipo de contenido pueden esperar encontrar en tu blog.

- **Historia personal**; Si tienes una historia relevante o experiencias que te llevaron a crear el blog, compártelas de manera sincera y auténtica. Esto ayudará a que tus lectores se sientan más conectados contigo y entenderán mejor tu perspectiva y enfoque.

- **Información relevante**; Puedes incluir detalles adicionales, como tu formación académica o profesional relacionada con el tema del blog. También puedes mencionar logros, reconocimientos o colaboraciones destacadas.

- **Llamado a la acción**; Concluye la página "Acerca de" invitando a tus lectores a unirse a tu comunidad, suscribirse a tu boletín informativo o seguirte en tus redes sociales. Esto fomentará una mayor participación y participación en tu blog.

Recuerda que la página "Acerca de" es una oportunidad para mostrar tu autenticidad y diferenciarte de otros bloggers. Sé honesto, claro y utiliza un tono de voz que refleje tu personalidad y los valores de tu blog.

Implementación de políticas de privacidad y términos de uso;

La implementación de políticas de privacidad y términos de uso es esencial para garantizar la transparencia y la protección tanto de tus usuarios como de ti mismo. Estas políticas establecen las reglas y regulaciones que rigen la interacción de los usuarios con tu blog. La política de privacidad es especialmente importante, ya que describe cómo recopilas, utilizas y proteges los datos personales de tus usuarios.

Debes asegurarte de cumplir con las leyes y regulaciones de protección de datos vigentes en tu jurisdicción. Considera incluir información sobre qué datos se recopilan, cómo se utilizan, si se comparten con terceros y cómo se protegen. Los términos de uso, por otro lado, establecen las condiciones bajo las cuales los usuarios pueden acceder y utilizar tu blog. Puedes incluir información sobre derechos de autor, propiedad intelectual, responsabilidades del usuario, restricciones de contenido y otros aspectos legales relevantes.

Puedes encontrar plantillas y generadores en línea para crear políticas de privacidad y términos de uso adecuados para tu blog. Además, si no tienes experiencia legal, es recomendable buscar el asesoramiento de un profesional para asegurarte de que tus políticas cumplen con los requisitos legales. La incorporación de elementos esenciales en tu blog optimizado es clave para mejorar su funcionalidad y establecer una relación efectiva con tu audiencia.

Asegúrate de agregar widgets y plugins útiles, configurar formularios de suscripción y opciones de contacto, crear una página "Acerca de" personalizada e implementar políticas de privacidad y términos de uso. Estos elementos te ayudarán a optimizar tu blog y a crear una experiencia atractiva y confiable para tus lectores.

Creación de una estrategia de contenido inicial

La creación de una estrategia de contenido sólida es esencial para el éxito de tu blog optimizado. Una estrategia bien planificada te ayudará a generar contenido relevante, atractivo y optimizado para los motores de búsqueda.

A continuación, se presentan los pasos clave para desarrollar una estrategia de contenido inicial efectiva;

- **Definición de temas y categorías relevantes para tu nicho;**

Antes de comenzar a crear contenido, es importante tener claro los temas y las categorías que serán el enfoque de tu blog. Esto implica comprender a tu audiencia objetivo, investigar las necesidades y los intereses de tu nicho de mercado, y determinar los temas que serán de mayor relevancia y valor para tus lectores. Haz una **lista de posibles temas y categorías relacionados** con tu nicho y asegúrate de que sean lo suficientemente amplios como para cubrir una variedad de subtemas. Esto te permitirá tener una base sólida para generar ideas de contenido a lo largo del tiempo.

- **Planificación de un calendario editorial y establecimiento de metas de publicación;**

Un calendario editorial te ayudará a organizar tus ideas de contenido y establecer un plan de publicación coherente. Decide la frecuencia con la que deseas publicar (por ejemplo, semanalmente o mensualmente) y asigna temas o categorías específicas a cada período de tiempo. Establece metas de publicación realistas y alcanzables. Considera tus recursos disponibles, tu capacidad para generar contenido de calidad y el tiempo que puedes dedicar a la promoción y distribución de tu contenido.

Un calendario editorial te permitirá mantener un flujo constante de publicaciones, evitar períodos de inactividad prolongados y proporcionar una experiencia constante a tus lectores.

- **Creación de contenido inicial de calidad y optimizado para SEO;**

Una vez que hayas definido tus temas y establecido tu calendario editorial, es hora de crear contenido inicial de calidad. Asegúrate de que tus publicaciones sean informativas, útiles y atractivas para tu audiencia. Investiga y utiliza palabras clave relevantes para cada artículo, pero evita el relleno de palabras clave excesivo. En su lugar, enfócate en proporcionar un contenido valioso y bien estructurado que responda a las preguntas y necesidades de tus lectores.

Optimiza tus publicaciones para el SEO utilizando técnicas como la inclusión de palabras clave en títulos, subtítulos, meta descripciones y en el cuerpo del texto. También considera la optimización de imágenes y la creación de enlaces internos para mejorar la navegación y la experiencia del usuario.

Recuerda que la calidad del contenido es fundamental. Asegúrate de que tus publicaciones sean originales, bien investigadas y fáciles de leer. Utiliza ejemplos, estudios de caso o historias para hacer tus puntos más convincentes y atractivos.

- **Incorporación de elementos multimedia, como imágenes y videos;**

Para hacer tu contenido más atractivo y visualmente agradable, considera la inclusión de elementos multimedia como imágenes y videos. Las imágenes pueden mejorar la legibilidad y el atractivo visual de tu contenido, mientras que los videos pueden proporcionar una forma más dinámica de presentar información. Utiliza imágenes relevantes y de alta calidad que complementen tu contenido y refuercen tus mensajes clave. Asegúrate de respetar los derechos de autor y utilizar imágenes libres de derechos o con licencia adecuada.

Los videos, por otro lado, pueden ser una excelente manera de presentar tutoriales, entrevistas o contenido interactivo. Si decides incorporar videos, asegúrate de que sean relevantes, estén bien producidos y se ajusten a la temática de tu blog. La creación de una estrategia de contenido inicial implica definir temas relevantes, planificar un calendario editorial, crear contenido de calidad y optimizado para SEO, y agregar elementos multimedia para mejorar la experiencia del usuario.

Con una estrategia bien ejecutada, estarás en camino de construir un blog optimizado y atractivo para tu audiencia.

Establecimiento de una estructura de navegación efectiva

Una estructura de navegación efectiva es fundamental para garantizar que los visitantes de tu blog puedan encontrar fácilmente el contenido que están buscando. Una navegación clara y organizada mejora la experiencia del usuario, facilita la exploración de tu blog y también beneficia tu posicionamiento en los motores de búsqueda.

A continuación, se presentan los pasos clave para establecer una estructura de navegación efectiva;

1. **Creación de menús de navegación intuitivos y fáciles de usar;**

Los menús de navegación son una parte fundamental de la estructura de tu blog. Deben ser intuitivos, fáciles de usar y proporcionar una visión general clara de las diferentes secciones y páginas disponibles. Considera organizar tus menús en forma de árbol, con las categorías principales en la parte superior y las subcategorías o páginas secundarias desplegables debajo.

Utiliza nombres claros y descriptivos para cada elemento del menú, de modo que los visitantes puedan comprender fácilmente qué encontrarán al hacer clic en ellos. Evita la sobrecarga de elementos en el menú principal. Mantén solo las secciones más relevantes y útiles para tu audiencia objetivo. Si tienes muchas páginas o categorías, considera utilizar menús desplegables o menús secundarios para organizar mejor el contenido.

2. Organización de categorías y etiquetas para una navegación eficiente;

Las categorías y etiquetas son herramientas importantes para organizar y clasificar tu contenido. Utilízalas de manera efectiva para facilitar la navegación y la búsqueda de contenido relacionado. Crea categorías claras y relevantes que abarquen los temas principales de tu blog. Estas categorías deben ser amplias y abarcar una variedad de subtemas relacionados. Por ejemplo, si tu blog trata sobre cocina, podrías tener categorías como "Recetas saludables", "Postres", "Cocina internacional", etc.

Asigna cada publicación a una o varias categorías relevantes para que los lectores puedan navegar fácilmente por el contenido que más les interesa. Además, utiliza etiquetas específicas para clasificar las publicaciones según temas más específicos. Las etiquetas funcionan como palabras clave adicionales y permiten una búsqueda más precisa.

3. **Inclusión de enlaces internos para mejorar la experiencia del usuario y el SEO;**

Los enlaces internos son enlaces que dirigen a los visitantes de tu blog a otras páginas o publicaciones dentro del mismo sitio. Estos enlaces no solo mejoran la navegación, sino que también mejoran la experiencia del usuario al proporcionar acceso fácil a contenido relacionado o complementario.

Incluye enlaces internos de manera estratégica dentro del contenido de tus publicaciones.

Por ejemplo, si estás escribiendo un artículo sobre "Consejos para cocinar pasta", puedes incluir enlaces a otras publicaciones relacionadas, como "Recetas de salsa para pasta" o "Cómo cocinar pasta al dente". Estos enlaces proporcionan información adicional y mantienen a los lectores más tiempo en tu blog.

Además de mejorar la experiencia del usuario, los enlaces internos también benefician al SEO. Los motores de búsqueda utilizan los enlaces internos para descubrir y rastrear el contenido de tu blog. Esto ayuda a indexar tus páginas de manera más eficiente y puede mejorar la visibilidad de tu blog en los resultados de búsqueda.

Establecer una estructura de navegación efectiva implica crear menús de navegación intuitivos, organizar categorías y etiquetas de manera eficiente, e incluir enlaces internos relevantes. Al implementar estos elementos, brindarás una experiencia de navegación más fluida y atractiva para tus lectores, lo que a su vez mejorará tu posicionamiento en los motores de búsqueda.

Configuración de herramientas de análisis

La configuración de herramientas de análisis es crucial para comprender el rendimiento de tu blog y tomar decisiones informadas basadas en datos. A continuación, te presento los pasos clave para configurar y utilizar herramientas de análisis de manera efectiva;

Integración de herramientas como Google Analytics para realizar un seguimiento del rendimiento;

Google Analytics es una herramienta popular y poderosa que te permite recopilar datos y obtener información detallada sobre el tráfico y el comportamiento de los visitantes en tu blog. Para comenzar, debes crear una cuenta de Google Analytics y agregar el código de seguimiento proporcionado en todas las páginas de tu blog.

Una vez que hayas configurado correctamente Google Analytics, podrás obtener información valiosa, como el número de visitantes, el tiempo promedio de permanencia en el sitio, las páginas más populares y las fuentes de tráfico. Esto te permitirá comprender cómo interactúan los usuarios con tu contenido y qué aspectos de tu blog están generando resultados positivos.

Configuración de objetivos y eventos para medir conversiones y acciones del usuario;

Los objetivos y eventos en Google Analytics te permiten rastrear acciones específicas que los usuarios realizan en tu blog y medir las conversiones. Un objetivo puede ser, por ejemplo, que los usuarios completen un formulario de contacto o realicen una compra. Los eventos, por otro lado, pueden ser acciones como hacer clic en un enlace externo o reproducir un video.

Configura objetivos y eventos relevantes para tu blog para medir el éxito de tus conversiones y acciones clave. Esto te ayudará a comprender qué elementos de tu blog están generando el mayor impacto y a optimizar tus estrategias en consecuencia.

Interpretación de datos y métricas clave para tomar decisiones informadas;

Una vez que hayas recopilado datos a través de herramientas de análisis, es importante interpretarlos correctamente y extraer conclusiones relevantes.

Algunas métricas clave que debes analizar incluyen;

1. **Tráfico**; Examina el número total de visitantes, las fuentes de tráfico (orgánico, directo, referido, etc.) y la tasa de rebote para comprender cómo los usuarios encuentran y exploran tu blog.

2. **Comportamiento del usuario**; Analiza las páginas más visitadas, el tiempo promedio de permanencia y las rutas de navegación para comprender qué contenido resuena más con tu audiencia y qué áreas pueden requerir mejoras.

3. **Conversiones y metas**; Evalúa el rendimiento de tus objetivos y eventos establecidos para medir el éxito de tus conversiones. Ajusta tus estrategias en función de los resultados y realiza pruebas A/B si es necesario para optimizar tus tasas de conversión.

4. **Métricas sociales**; Si estás utilizando plataformas de redes sociales para

promocionar tu blog, presta atención a métricas como el alcance, la participación y los seguidores para evaluar la efectividad de tus esfuerzos de promoción en redes sociales.

Al comprender e interpretar estos datos, podrás tomar decisiones informadas y realizar mejoras continuas en tu blog. Realiza análisis periódicos y ajusta tu estrategia en función de los hallazgos para optimizar el rendimiento de tu blog y maximizar los resultados.

Configurar herramientas de análisis como Google Analytics, establecer objetivos y eventos, y analizar métricas clave te permitirá comprender el rendimiento de tu blog, medir conversiones y acciones del usuario, y tomar decisiones informadas basadas en datos. Esto te ayudará a optimizar tu estrategia y lograr el éxito con tu blog optimizado.

Resumen del Capítulo 1

Imagina que estás construyendo una casa. No empezarías por el tejado, ¿verdad? Este capítulo es tu cimiento. No es lo más glamuroso, pero sin él, todo lo que construyas después puede tambalearse. **Aquí no se trata de publicar tu primer post**, sino de hacer las preguntas correctas antes de escribir una sola línea; ¿para quién escribes? ¿por qué lo haces? ¿y cómo vas a destacar en un mar de voces?

Lo primero que debes grabarte a fuego; un blog sin propósito claro es como un barco sin timón. Define tus objetivos con precisión — no "quiero tener éxito", sino "quiero que 500 personas nuevas encuentren mi blog cada mes gracias a SEO en 6 meses". Eso te da rumbo, te permite medir, ajustar y celebrar cada avance.

Y hablando de rumbo; ¿sabes exactamente a quién le estás hablando? No es "todo el mundo". Es María, la madre ocupada que busca recetas rápidas; es Carlos, el emprendedor que quiere aprender marketing sin tecnicismos. **Cuanto más clara tengas a tu audiencia, más certero será tu contenido.** Y cuando le sumas un nicho bien definido — no "salud", sino "salud hormonal para mujeres después de los 40" — te conviertes en faro, no en ruido.

Mira a tu competencia, sí, pero no para copiar; para aprender, para encontrar huecos, para descubrir qué no están haciendo… y hacerlo tú, mejor. Y mientras lo haces, elige tu "casa digital"; la plataforma, el dominio, el hosting. WordPress te da libertad; Blogger, simplicidad; Squarespace, elegancia. No hay uno mejor, hay uno mejor para ti. Y tu dominio — ese nombre que será tu marca — debe ser corto, memorable, y que diga algo sobre lo que ofreces. Y por favor, ¡protégelo! La renovación automática y la privacidad de datos no son extras, son esenciales.

Una vez que tu blog está en pie, no lo dejes como un esqueleto. Dale personalidad; un diseño limpio, una navegación intuitiva, URLs que los humanos (y Google) entiendan. Ponle una "página de presentación" — tu "Acerca de" — donde no solo digas quién eres, sino por qué vale la pena escucharte. Y no te olvides de los pequeños detalles que generan confianza; un formulario de contacto, una política de privacidad, un plugin de seguridad. Son como los extintores; ojalá nunca los necesites, pero si los necesitas, te alegrarás de tenerlos.

Y antes de lanzarte a escribir sin parar, **hazte un plan**. Un calendario editorial, aunque sea flexible. Temas que realmente le importan a tu audiencia. Contenido optimizado, sí, pero ante todo útil. Añade imágenes, videos, enlaces internos — no por decorar, sino por guiar, por enriquecer, por retener.

Finalmente, ponle ojos a tu blog; Google Analytics. No para obsesionarte con los números, sino para entender qué funciona, qué no, y hacia dónde ir. Tus decisiones deben estar guiadas por datos, no por intuición… al menos no solo por intuición.

Este capítulo no es un trámite. Es tu brújula. Tómate el tiempo. Hazlo bien. Porque cuando los cimientos son sólidos, lo que construyas encima no solo se sostiene — crece, se expande, y perdura.

¿Listo para dar el siguiente paso? Lo bueno apenas comienza.

Capítulo 2; Fundamentos del blogging

Un blog es una plataforma en línea donde una persona o un grupo de personas comparten regularmente información, ideas, opiniones y experiencias en forma de artículos o publicaciones escritas. El término "blog" es una abreviatura de "weblog", que hace referencia a un registro en línea de eventos cronológicos o pensamientos.

Los blogs se presentan en forma de sitio web y suelen tener un diseño estructurado con una lista de entradas o artículos que se organizan en orden cronológico inverso, es decir, la publicación más reciente se muestra primero. Un blog puede cubrir una amplia variedad de temas, desde moda y estilo de vida hasta tecnología, viajes, cocina, finanzas y mucho más. Proporciona un espacio personalizado para que los autores compartan su conocimiento, pasiones e intereses con una audiencia más amplia.

Historia y evolución del blogging

El blogging tiene sus raíces en las primeras formas de publicación en línea, como los diarios personales en línea y los foros de discusión. A medida que Internet se volvió más accesible en la década de 1990, surgieron plataformas y herramientas específicas para la creación y gestión de blogs.

El término "weblog" fue acuñado por Jorn Barger en 1997 para describir el registro en línea de enlaces interesantes que compartía en su sitio web. Más tarde, en 1999, Peter Merholz acuñó el término "blog" al dividir la palabra "weblog" en "we blog" en su propio blog.

Con el tiempo, los blogs se convirtieron en una forma popular de expresión en línea y una plataforma para compartir información y opiniones. A medida que avanzaba la tecnología, los blogs se volvieron más accesibles y fáciles de crear, lo que permitió a más personas ingresar al mundo del blogging.

➢ **Características y beneficios de los blogs**

Los blogs tienen varias características distintivas que los hacen únicos y atractivos;

1. **Actualizaciones regulares**; Los blogs se actualizan de manera regular, lo que permite a los autores compartir contenido fresco y relevante con su audiencia. Los lectores pueden volver periódicamente para obtener nuevas publicaciones y mantenerse actualizados.

2. **Interacción**; Los blogs fomentan la interacción y la participación de los lectores a

través de la sección de comentarios. Los lectores pueden dejar comentarios, hacer preguntas o compartir sus propias experiencias, lo que crea un ambiente de diálogo y comunidad.

3. **Variedad de contenido**; Los blogs pueden presentar una variedad de contenido, incluyendo artículos informativos, tutoriales, opiniones, reseñas, entrevistas, infografías y más. Esto permite a los autores expresarse de diferentes formas y atraer a una audiencia diversa.

4. **Personalización**; Los blogs ofrecen la posibilidad de personalizar el diseño, la apariencia y la estructura del sitio web según las preferencias del autor. Esto permite crear una identidad visual única y reflejar la personalidad del autor.

5. **Accesibilidad global**; Los blogs son accesibles en cualquier momento y desde cualquier lugar del mundo con conexión a Internet. Esto significa que el contenido puede llegar a una audiencia global y trascender las barreras geográficas.

Los blogs también proporcionan una serie de beneficios tanto para los autores como para los lectores;

- Para los autores, los blogs les brindan una plataforma para expresar sus ideas, compartir su experiencia y establecer su reputación en un campo particular. También pueden utilizar los blogs como una herramienta de aprendizaje y crecimiento personal.

- Para los lectores, los blogs ofrecen acceso a información especializada, consejos útiles, inspiración y entretenimiento. Pueden encontrar respuestas a sus preguntas, aprender nuevas habilidades y conectarse con personas con intereses similares.

Los blogs son plataformas en línea que permiten a los autores compartir contenido regularmente, interactuar con su audiencia y expresarse en diversos temas. Han evolucionado a lo largo del tiempo y se han convertido en una parte integral de la cultura digital, proporcionando beneficios tanto para los autores como para los lectores.

Importancia del contenido de calidad

El contenido de calidad es fundamental para el éxito de un blog. Es el corazón y alma de la plataforma, ya que es lo que atrae y mantiene a la audiencia comprometida. El contenido bien escrito, informativo, relevante y entretenido es lo que diferencia a un blog exitoso de uno mediocre.

El contenido de calidad permite a los bloggers establecer su autoridad y credibilidad en su nicho o industria. A través de contenido valioso, pueden demostrar su experiencia y conocimiento, ganándose la confianza de su audiencia. Además, el contenido de calidad genera interés y compromiso, lo que lleva a una mayor interacción y participación de los lectores.

➢ **Tipos de contenido para blogs**

Existen diversos tipos de contenido que se pueden publicar en un blog, y la elección depende del nicho y los objetivos del blogger.

Algunos de los tipos de contenido más comunes incluyen;

1. **Artículos informativos**; Estos son los pilares de un blog, donde se comparten conocimientos, consejos, guías y tutoriales relacionados con el tema del blog. Los artículos informativos ofrecen valor a los lectores y les ayudan a resolver problemas o adquirir nuevos conocimientos.

2. **Listas y recopilaciones**; Las listas y recopilaciones son populares porque proporcionan información de manera estructurada y fácil de digerir. Pueden incluir listas de recursos, recomendaciones de productos, consejos prácticos, entre otros.

3. **Estudios de caso y testimonios**; Estos tipos de contenido brindan ejemplos prácticos y reales que respaldan los puntos presentados en el blog. Los estudios de caso y testimonios pueden mostrar cómo se aplican ciertas estrategias o productos en situaciones reales, lo que ayuda a los lectores a comprender mejor su efectividad.

4. **Entrevistas y colaboraciones**; Las entrevistas con expertos de la industria o colaboraciones con otros bloggers pueden agregar diversidad y perspectivas adicionales al blog. Estas interacciones también pueden ayudar a ampliar la audiencia y fortalecer las relaciones con otros profesionales.

5. **Contenido visual**; Además del texto, los blogs pueden incluir contenido visual como imágenes, infografías y videos. Estos elementos visuales pueden ser utilizados para complementar y enriquecer el contenido escrito, haciéndolo más atractivo y compartible.

> **Cómo crear contenido relevante y atractivo para tu audiencia**

Crear contenido relevante y atractivo requiere un enfoque estratégico y un conocimiento profundo de la audiencia objetivo.

Aquí hay algunos consejos para lograrlo;

1. **Conoce a tu audiencia**; Investiga y comprende a tu audiencia objetivo. Identifica sus necesidades, intereses y desafíos. Esto te permitirá crear contenido que sea relevante y útil para ellos.

2. **Investiga y mantente actualizado**; Mantente al tanto de las tendencias y novedades en tu nicho. Investiga y recopila información relevante para ofrecer contenido fresco y actualizado a tu audiencia.

3. **Proporciona soluciones**; Enfócate en brindar soluciones a los problemas o inquietudes de tu audiencia. Ofrece consejos prácticos, paso a paso o soluciones paso a paso que puedan aplicar en su vida o negocio.

4. **Crea contenido original**; Evita copiar contenido de otros sitios web. Aporta tu propia perspectiva y experiencia única a tus publicaciones. Esto te ayudará a destacarte y a construir tu propia voz y marca personal.

5. **Escribe de manera clara y concisa**; Utiliza un lenguaje sencillo y evita jergas o tecnicismos innecesarios. Organiza tu contenido de manera lógica y utiliza párrafos cortos para facilitar la lectura.

6. **Utiliza elementos visuales**; Incluye imágenes, gráficos o videos relevantes para enriquecer tu contenido. Los elementos visuales pueden ayudar a captar la atención de los lectores y hacer que tu contenido sea más atractivo y compartible.

7. **Fomenta la interacción y participación**; Incluye llamadas a la acción para animar a los lectores a dejar comentarios, hacer preguntas o compartir sus experiencias. Responde a los comentarios y mantén una conversación activa con tu audiencia.

Recuerda que el contenido de calidad es clave para el éxito de tu blog. No solo atraerá a más lectores, sino que también te ayudará a construir una comunidad leal y comprometida.

Estructura y elementos de un artículo de blog

- **Título y subtítulos impactantes**

El título de un artículo de blog es lo primero que captará la atención de los lectores, por lo que debe ser impactante, claro y conciso. Debe resumir el contenido del artículo y despertar el interés del lector.

Los subtítulos, por su parte, son utilizados para organizar y dividir el contenido en secciones más pequeñas y fáciles de leer. También pueden utilizarse para enfatizar puntos clave y llamar la atención del lector.

- **Introducción persuasiva**

La introducción de un artículo de blog tiene la tarea de captar la atención del lector y persuadirlo para que siga leyendo. Debe presentar el tema de manera interesante y relevante, despertando la curiosidad del lector y mostrándole el valor que obtendrá al leer el artículo completo.

Puede utilizar anécdotas, preguntas retóricas, datos impactantes o citas inspiradoras para generar interés y establecer una conexión emocional con el lector.

- **Desarrollo de ideas con organización y coherencia**

El desarrollo de ideas en un artículo de blog debe ser claro, organizado y coherente. Cada párrafo o sección debe estar relacionado con el tema principal y presentar ideas de manera lógica y estructurada.

Es importante utilizar párrafos cortos y separar las ideas principales con subtítulos para facilitar la lectura y la comprensión. Además, se pueden utilizar técnicas como listas, viñetas o párrafos de resumen para resaltar información importante.

- **Uso de ejemplos, datos y estadísticas**

Para respaldar y enriquecer las ideas presentadas en un artículo de blog, es recomendable utilizar ejemplos, datos y estadísticas relevantes. Estos elementos ayudan a darle credibilidad al contenido y demuestran que se ha realizado una investigación sólida.

Los ejemplos pueden ilustrar conceptos o situaciones de la vida real, mientras que los datos y las estadísticas respaldan los argumentos y hacen que el contenido sea más convincente y confiable.

- **Cierre efectivo y llamada a la acción**

El cierre de un artículo de blog es tan importante como la introducción. Debe proporcionar un resumen conciso de los puntos clave y, si es posible, ofrecer una conclusión o una recomendación final. También es recomendable incluir una llamada a la acción al final del artículo.

Esto puede ser invitar a los lectores a dejar un comentario, compartir el artículo en redes sociales, suscribirse al blog o explorar otros contenidos relacionados. La llamada a la acción busca fomentar la interacción y mantener una conexión con los lectores incluso después de que hayan terminado de leer el artículo.

Un artículo de blog efectivo sigue una estructura clara y coherente. Comienza con un título y subtítulos impactantes, seguido de una introducción persuasiva que captura la atención del lector.

Luego, se desarrollan las ideas de manera organizada y se respaldan con ejemplos, datos y estadísticas relevantes. Finalmente, se cierra el artículo de manera efectiva, ofreciendo un resumen y una llamada a la acción que fomente la interacción con los lectores.

Técnicas de escritura para blogs

Cuando se escribe para un blog, es importante utilizar un lenguaje claro y conciso. Evita el uso de términos técnicos o jerga que pueda resultar confusa para los lectores.

Explica los conceptos de manera sencilla y utiliza frases cortas y directas. Utiliza un tono conversacional que sea fácil de entender y evita la redundancia o la repetición innecesaria de ideas.

Uso de párrafos y viñetas para mejorar la legibilidad

La legibilidad es clave en la escritura de blogs. Utiliza párrafos cortos para evitar que el texto se vea abrumador y para facilitar la lectura en dispositivos móviles.

Además, puedes utilizar viñetas o listas numeradas para presentar información de manera ordenada y destacar puntos clave. Estas técnicas ayudan a los lectores a escanear el contenido y encontrar la información relevante de manera rápida y eficiente.

Inclusión de palabras clave para el SEO

Las palabras clave son términos o frases que los usuarios utilizan en los motores de búsqueda para encontrar información relevante. Incluir palabras clave relevantes en tu contenido puede ayudar a mejorar el SEO (optimización para motores de búsqueda) de tu blog.

Investiga y selecciona palabras clave relacionadas con tu nicho y utilízalas de manera natural a lo largo de tu contenido. Sin embargo, evita el exceso de palabras clave, ya que puede resultar en una lectura forzada o poco natural.

Incorporación de enlaces internos y externos

Los enlaces internos y externos son una parte importante de la escritura de blogs. Los enlaces internos dirigen a los lectores a otros artículos o páginas de tu propio blog, lo que ayuda a aumentar el tiempo de permanencia en tu sitio web y mejora la navegación interna.

Por otro lado, los enlaces externos dirigen a los lectores a fuentes de información externas y confiables, lo que muestra que has investigado y respaldado tus afirmaciones con datos de calidad. Los enlaces también son importantes para el SEO, ya que los motores de búsqueda los utilizan para indexar y clasificar tu contenido.

Edición y revisión de contenido

La edición y revisión son etapas cruciales en la escritura de blogs. Después de escribir tu contenido, tómate el tiempo para revisarlo en busca de errores gramaticales, ortográficos o de estilo. Lee tu contenido en voz alta para identificar frases o párrafos confusos.

También puedes pedir a otra persona que revise tu contenido para obtener una perspectiva externa. Además, asegúrate de que tu contenido esté bien estructurado y que fluya de manera lógica. Elimina cualquier información redundante o innecesaria que pueda distraer a los lectores. Las técnicas de escritura para blogs se centran en la claridad, la legibilidad y la optimización para motores de búsqueda.

Utiliza un lenguaje claro y conciso, organiza tu contenido en párrafos y viñetas, incluye palabras clave relevantes, incorpora enlaces internos y externos, y dedica tiempo a la edición y revisión de tu contenido. Al aplicar estas técnicas, mejorarás la calidad de tu escritura y aumentarás la efectividad de tus artículos de blog.

Optimización para motores de búsqueda (SEO)

El SEO (Search Engine Optimization) es el conjunto de técnicas y estrategias utilizadas para mejorar la visibilidad de un sitio web en los motores de búsqueda como Google. El objetivo principal del SEO es obtener un mejor posicionamiento en los resultados de búsqueda orgánica, lo que significa aparecer en los primeros lugares de la lista cuando los usuarios realizan búsquedas relacionadas con el contenido de tu blog.

Uso de palabras clave relevantes

Las palabras clave son términos o frases que los usuarios utilizan en los motores de búsqueda para encontrar información específica. Es importante realizar una investigación de palabras clave y seleccionar aquellas que sean relevantes para tu nicho y tengan un volumen de búsqueda adecuado.

Luego, debes incluir estas palabras clave de manera natural en el contenido de tu blog, en los títulos, en los encabezados y en el texto en general. Esto ayuda a los motores de búsqueda a entender de qué trata tu contenido y a mostrarlo a los usuarios adecuados.

Optimización de títulos, meta descripciones y URL

Los títulos, las meta descripciones y las URL son elementos importantes para optimizar tu blog. El título de tu artículo debe ser atractivo, claro y contener palabras clave relevantes. La meta descripción es un resumen breve que aparece en los resultados de búsqueda y debe ser persuasiva, informativa y contener palabras clave.

La URL de tu artículo debe ser legible, breve y también puede contener palabras clave. Optimizar estos elementos ayuda a los motores de búsqueda a entender de qué trata tu contenido y a mostrarlo de manera efectiva a los usuarios.

Construcción de enlaces internos y externos

Los enlaces internos y externos son importantes para el SEO. Los enlaces internos son aquellos que dirigen a los usuarios de una página a otra dentro de tu propio blog. Estos enlaces ayudan a mejorar la navegación interna y permiten a los motores de búsqueda descubrir y clasificar mejor tu contenido. Los enlaces externos son aquellos que dirigen a los usuarios a otros sitios web relevantes y confiables.

Estos enlaces muestran a los motores de búsqueda que tu contenido está respaldado por fuentes externas y pueden mejorar la autoridad y relevancia de tu blog.

Velocidad de carga y experiencia de usuario

La velocidad de carga y la experiencia de usuario son factores importantes para el SEO. Los motores de búsqueda valoran los sitios web que cargan rápidamente, ya que esto mejora la experiencia de los usuarios. Para optimizar la velocidad de carga, es recomendable utilizar un buen proveedor de alojamiento web, optimizar el tamaño y formato de las imágenes, y minimizar el uso de scripts y archivos innecesarios.

Además, es importante asegurarse de que tu blog sea fácil de navegar, tenga un diseño atractivo y sea accesible en diferentes dispositivos. Una buena experiencia de usuario fomenta que los visitantes pasen más tiempo en tu blog, lo compartan y regresen en el futuro. La optimización para motores de búsqueda (SEO) implica utilizar palabras clave relevantes, optimizar títulos, meta descripciones y URL, construir enlaces internos y externos, y mejorar la velocidad de carga y la experiencia de usuario.

Al aplicar estas estrategias, puedes aumentar la visibilidad de tu blog en los motores de búsqueda y atraer más tráfico orgánico y cualificado. Recuerda que el SEO es un proceso continuo y requiere monitoreo y ajustes constantes para mantener un blog optimizado.

Promoción y difusión del contenido del blog

Las redes sociales son una herramienta poderosa para promover y difundir el contenido de tu blog. Es importante identificar las plataformas sociales más relevantes para tu audiencia y crear perfiles sólidos en esas redes.

Puedes compartir tus artículos de blog, crear publicaciones atractivas con fragmentos de contenido y utilizar hashtags relevantes para ampliar tu alcance. Además, interactuar con tu audiencia, responder comentarios y compartir contenido de otros bloggers puede ayudarte a establecer relaciones y aumentar la visibilidad de tu blog.

Participación en comunidades y grupos en línea

Existen numerosas comunidades y grupos en línea relacionados con diferentes temáticas y nichos. Unirse a estas comunidades te brinda la oportunidad de interactuar con personas que comparten intereses similares y promover tu blog.

Puedes participar en discusiones, responder preguntas y compartir tu experiencia y conocimientos. Asegúrate de contribuir de manera significativa y evitar hacer spam. Al establecer relaciones genuinas, puedes generar interés en tu blog y atraer tráfico cualificado.

Colaboración con otros bloggers y profesionales del sector

Colaborar con otros bloggers y profesionales del sector es una estrategia efectiva para promocionar tu blog y expandir tu audiencia. Puedes buscar oportunidades de guest blogging, donde escribas artículos como invitado en otros blogs relevantes.

Esto te permite aprovechar la audiencia existente de esos blogs y dirigir tráfico hacia tu propio sitio. Además, puedes entrevistar a expertos en tu nicho y publicar esas entrevistas en tu blog, lo que no solo brinda contenido valioso, sino que también te permite establecer conexiones con influencers y profesionales del sector.

Uso de marketing por correo electrónico

El marketing por correo electrónico es una herramienta poderosa para promover tu blog y mantener una relación directa con tus lectores. Puedes ofrecer una opción de suscripción en tu blog para que los visitantes se registren y recibas sus direcciones de correo electrónico.

Luego, puedes enviarles boletines informativos periódicos con los últimos artículos, noticias y contenido exclusivo. Asegúrate de segmentar tu lista de correo para enviar contenido relevante y personalizado. El marketing por correo electrónico te permite mantener el contacto con tu audiencia y fomentar la fidelidad y el compromiso.

Monitoreo y análisis de resultados de promoción

Es fundamental monitorear y analizar los resultados de tus estrategias de promoción para entender qué está funcionando y qué no. Puedes utilizar herramientas de análisis como Google Analytics para rastrear el tráfico, el comportamiento de los usuarios y las conversiones en tu blog.

Estos datos te ayudarán a identificar las fuentes de tráfico más efectivas, las publicaciones más populares y las tácticas de promoción que generan mejores resultados. Con esta información, podrás ajustar y mejorar tus estrategias de promoción para maximizar el impacto y el alcance de tu blog.

La promoción y difusión del contenido de tu blog requiere la implementación de estrategias en redes sociales, la participación en comunidades en línea, la colaboración con otros bloggers y profesionales del sector, el uso del marketing por correo electrónico y el monitoreo constante de los resultados.

Al combinar estas técnicas de promoción, podrás aumentar la visibilidad de tu blog, atraer tráfico cualificado y establecer una comunidad sólida de lectores comprometidos.

Interacción y participación de la audiencia

Una forma efectiva de involucrar a tu audiencia es fomentar su participación activa en tu blog. Puedes hacerlo invitándolos a dejar comentarios, hacer preguntas o compartir sus opiniones sobre tus artículos.

Anima a tus lectores a participar al final de cada publicación, haciendo preguntas específicas o solicitando su retroalimentación. Además, puedes crear debates o temas de discusión relacionados con tu contenido para incentivar la participación y generar interacción entre los lectores.

Respondiendo comentarios y preguntas

La interacción con tus lectores es esencial para construir una relación sólida y mantener su compromiso. Asegúrate de revisar y responder a los comentarios que recibas en tu blog. Responde de manera oportuna y agradece a los lectores por sus contribuciones.

También es importante estar abierto a las preguntas que puedan surgir y brindar respuestas claras y útiles. Al mostrar interés y responder a tus lectores, les harás sentir valorados y fortalecerás la conexión con ellos.

Encuestas y cuestionarios interactivos

Las encuestas y los cuestionarios son herramientas interactivas que te permiten conocer mejor a tu audiencia y obtener retroalimentación directa. Puedes utilizar plataformas en línea para crear encuestas y cuestionarios relacionados con tu contenido o temas relevantes para tu nicho.

Invita a tus lectores a participar y promueve la encuesta a través de tus redes sociales y boletines informativos. Analiza los resultados y utiliza esta información para mejorar tu contenido y adaptarlo a las necesidades y preferencias de tu audiencia.

Uso de llamadas a la acción efectivas

Las llamadas a la acción (CTA) son elementos clave para guiar a tu audiencia hacia acciones específicas que deseas que realicen. Puedes incluir CTA al final de tus artículos para alentar a los lectores a dejar un comentario, suscribirse a tu boletín informativo, compartir el contenido en redes sociales o realizar una compra.

Asegúrate de que tus CTA sean claros, visibles y persuasivos. Utiliza verbos de acción y crea un sentido de urgencia para motivar a tus lectores a actuar.

Construcción de una comunidad en línea

Además de interactuar individualmente con tus lectores, puedes construir una comunidad en línea alrededor de tu blog. Crea espacios donde los lectores puedan conectarse entre sí, como foros o grupos en redes sociales.

Anima a la participación activa y fomenta la colaboración y el intercambio de ideas entre los miembros de la comunidad. Organiza eventos virtuales, como webinars o chats en vivo, donde puedas interactuar en tiempo real con tu audiencia y fortalecer los lazos dentro de la comunidad.

La interacción y participación de la audiencia son fundamentales para construir una comunidad sólida alrededor de tu blog. Fomenta la participación de los lectores, responde a sus comentarios y preguntas, utiliza encuestas y cuestionarios interactivos, implementa llamadas a la acción efectivas y construye una comunidad en línea donde los lectores puedan conectarse y colaborar entre sí.

Al involucrar a tu audiencia de esta manera, crearás un sentido de pertenencia y lealtad, lo que llevará al crecimiento y éxito continuo de tu blog.

Monetización del blog

Una vez que hayas establecido un blog exitoso y atraído a una audiencia comprometida, es posible que desees explorar estrategias de monetización para obtener ingresos a través de tu blog.

Algunas de las estrategias de monetización más comunes incluyen;

1. **Publicidad**; Puedes mostrar anuncios en tu blog a través de redes de publicidad como Google AdSense. Ganarás dinero cada vez que un visitante haga clic en un anuncio o cuando se muestre una determinada cantidad de veces.

2. **Programas de afiliados**; Puedes unirte a programas de afiliados de empresas y promover sus productos o servicios en tu blog. Si un lector hace una compra a través de tu enlace de afiliado, recibirás una comisión por esa venta.

3. **Creación y venta de productos o servicios**; Si tienes conocimientos o habilidades especializadas, puedes crear y vender tus propios productos digitales, como ebooks, cursos en línea, plantillas o servicios de consultoría relacionados con tu nicho.

4. **Patrocinios y colaboraciones con marcas**; A medida que tu blog crezca en popularidad, es posible que las marcas se acerquen a ti para colaborar en proyectos o promociones. Esto puede incluir patrocinios de contenido, reseñas

de productos o incluso participación en eventos o conferencias.

Publicidad y programas de afiliados

La publicidad es una forma común de monetizar un blog. Puedes utilizar redes de publicidad como Google AdSense para mostrar anuncios relevantes en tu contenido.

Estos anuncios pueden ser en forma de banners, enlaces de texto o anuncios nativos. Cada vez que un visitante hace clic en un anuncio, recibirás una pequeña comisión. Los programas de afiliados también son populares entre los bloggers. Puedes unirte a programas de afiliados de empresas que estén relacionadas con tu nicho y promover sus productos o servicios en tu blog.

Recibirás un enlace de afiliado único que puedes incluir en tus publicaciones. Si un lector hace clic en ese enlace y realiza una compra, recibirás una comisión por esa venta.

Creación y venta de productos o servicios

Si tienes conocimientos o habilidades específicas, puedes crear y vender tus propios productos o servicios. Por ejemplo, si tienes experiencia en diseño gráfico, puedes ofrecer servicios de diseño de logotipos o imágenes personalizadas.

Si eres un experto en fitness, puedes crear un programa de entrenamiento en línea. La clave es identificar qué productos o servicios podrían ser valiosos para tu audiencia y ofrecerlos a un precio razonable.

Patrocinios y colaboraciones con marcas

A medida que tu blog gane influencia y alcance, es posible que las marcas se interesen en colaborar contigo. Pueden ofrecerte patrocinios de contenido, donde te pagan por escribir publicaciones promocionales o reseñas sobre sus productos.

También puedes ser invitado a eventos o conferencias relacionadas con tu nicho, donde podrás establecer contactos y ampliar tu red profesional.

Es importante tener en cuenta que, al trabajar con marcas, debes mantener la integridad y la transparencia con tu audiencia. Solo debes promover productos o servicios que realmente creas que son útiles y de calidad. La confianza de tu audiencia es crucial para el éxito a largo plazo de tu blog.

Consideraciones legales y éticas

Cuando busques monetizar tu blog, es importante tener en cuenta las consideraciones legales y éticas. Asegúrate de cumplir con las leyes de divulgación de publicidad, donde debes revelar cualquier relación financiera que tengas con una marca o empresa en tus publicaciones patrocinadas.

Además, debes asegurarte de proteger la privacidad de tus usuarios y cumplir con las leyes de protección de datos aplicables. Si recopilas información personal de tus usuarios, debes tener una política de privacidad clara y transparente que explique cómo se recopila, utiliza y protege esa información.

También es importante recordar que el contenido de calidad y la satisfacción de tu audiencia deben ser siempre una prioridad. No sacrifiques la integridad de tu blog por ganancias monetarias a corto plazo. En última instancia, construir una relación sólida con tu audiencia y proporcionar valor genuino son las claves para una monetización exitosa y sostenible de tu blog.

Métricas y análisis de rendimiento

Los indicadores clave de rendimiento, también conocidos como KPIs, son métricas que te permiten evaluar el desempeño y el éxito de tu blog.

Algunos KPIs importantes a tener en cuenta incluyen;

1. **Tráfico del sitio web**; Mide la cantidad de visitantes que llegan a tu blog en un período de tiempo determinado. Puedes analizar el tráfico total, así como el tráfico proveniente de diferentes fuentes, como motores de búsqueda, redes sociales o referencias externas.

2. **Tiempo en el sitio**; Indica cuánto tiempo pasan los visitantes en tu blog. Un mayor tiempo en el sitio puede indicar que tu contenido es atractivo y que los visitantes están interesados en explorarlo en detalle.

3. **Tasa de rebote**; Mide el porcentaje de visitantes que abandonan tu blog después de visitar solo una página. Una tasa de rebote alta puede indicar que tu contenido no es relevante o atractivo para tus visitantes.

4. **Conversiones**; Representan las acciones que deseas que los visitantes realicen en tu blog, como suscribirse a tu boletín informativo, descargar un recurso o realizar una compra. El seguimiento de las conversiones te permite evaluar el impacto de tus esfuerzos de marketing y optimizar tu estrategia.

Uso de herramientas de análisis para evaluar el rendimiento del blog

Existen diversas herramientas de análisis disponibles que te ayudarán a recopilar y analizar datos sobre el rendimiento de tu blog. Una de las más populares y ampliamente utilizadas es Google Analytics. Esta herramienta gratuita proporciona información detallada sobre el tráfico, el comportamiento de los usuarios, las conversiones y muchas otras métricas relevantes.

Además de Google Analytics, también existen otras herramientas de análisis que pueden proporcionar información adicional y específica sobre el rendimiento de tu blog. Algunas de estas herramientas incluyen SEMrush, Moz, Kissmetrics y Crazy Egg.

Cada una de estas herramientas tiene sus propias características y funcionalidades, por lo que es recomendable explorar y seleccionar aquella que mejor se adapte a tus necesidades y objetivos.

Interpretación de métricas y toma de decisiones basadas en datos

Una vez que hayas recopilado los datos a través de las herramientas de análisis, es importante interpretarlos adecuadamente para obtener información valiosa.

Algunas preguntas que puedes hacerte al analizar las métricas incluyen;

- ¿Cuáles son las fuentes principales de tráfico que generan visitantes de calidad?

- ¿Cuáles son las páginas o publicaciones más populares y qué características tienen en común?

- ¿Cuáles son las tasas de conversión en diferentes etapas del embudo de ventas y cómo se pueden mejorar?

- ¿Qué palabras clave o términos de búsqueda están generando más tráfico y conversiones?

Ajustes y optimizaciones basadas en los resultados obtenidos

Una vez que hayas interpretado los datos y obtenido información sobre el rendimiento de tu blog, podrás tomar decisiones informadas para ajustar y optimizar tu estrategia. Esto puede implicar realizar cambios en el contenido, la estructura del sitio, las palabras clave utilizadas o las tácticas de promoción.

Por ejemplo, si descubres que ciertas publicaciones generan mucho tráfico, pero tienen una alta tasa de rebote, podrías revisar y mejorar el contenido para que sea más atractivo y retenga a los visitantes por más tiempo.

Si observas que ciertas palabras clave generan mucho tráfico, pero pocas conversiones, podrías ajustar tu estrategia de contenido para enfocarte en términos más relevantes y de alta intención de compra.

El análisis de métricas y la toma de decisiones basadas en datos te permiten optimizar continuamente tu blog para mejorar su rendimiento y lograr tus objetivos. Es un proceso iterativo en el que recopilas datos, analizas resultados, realizas ajustes y vuelves a evaluar el impacto de tus acciones.

Resumen del Capítulo 2

Piensa en tu blog no como un diario en la nube, sino como **tu micrófono en el mundo digital**. Este capítulo te recuerda algo esencial; antes de gritar al viento, entiende qué es lo que estás construyendo, para quién, y por qué merece la pena escucharte. El blogging no es solo escribir — es conectar, servir, inspirar y, con el tiempo, incluso construir un ecosistema alrededor de tus ideas.

Empezamos por lo básico; un blog es tu espacio para compartir conocimiento, pero también es una herramienta poderosa de influencia, aprendizaje y, eventualmente, de negocio. Desde sus humildes orígenes como "weblogs" hasta convertirse en el corazón de marcas personales y comunidades globales, el blog ha evolucionado... pero su esencia sigue intacta; voz + valor + constancia.

Y aquí está el secreto que muchos pasan por alto; **no se trata de publicar mucho, sino de publicar bien**. Calidad no es sinónimo de perfección; es sinónimo de utilidad. ¿Tu contenido resuelve un problema? ¿Responde una pregunta? ¿Hace que alguien se sienta menos solo? Entonces estás en el camino correcto. Ya sea con artículos profundos, listas prácticas, entrevistas reveladoras o videos que complementan tus ideas, lo que importa es que tu audiencia salga de cada lectura con algo que no tenía antes; una idea, una herramienta, una chispa.

Estructura no es burocracia — es respeto por el tiempo del lector. Un título que atrape, una introducción que enganche, un desarrollo claro con ejemplos reales, y un cierre que invite a actuar. Eso no es fórmula, es empatía. Y entre líneas, recuerda; escribe como hablas, pero con propósito. Usa párrafos cortos, palabras clave naturales, enlaces que guíen, y, sobre todo, revisa. La primera versión nunca es la mejor — la mejor es la que puliste hasta que duele soltarla.

SEO no es magia negra. Es hacer que Google — y las personas — entiendan de qué va tu contenido. Títulos claros, URLs amigables, descripciones que inviten a hacer clic, velocidad que no haga huir a nadie. Y por encima de todo; enlaces internos que mantengan a tu lector dentro de tu universo, porque cuando alguien se queda, empieza a confiar.

Pero un blog sin promoción es como un concierto en un bosque vacío. Comparte con intención; en redes, en comunidades, con otros creadores. No grites "¡miren mi post!", sino "esto puede ayudarte, y si lo lees, **me encantaría saber qué piensas**". Construye conversaciones, no solo visitas. Y cuando alguien comente, respóndele. Esa interacción es el pegamento de tu comunidad.

Y sí, eventualmente, puedes monetizarlo. Pero no empieces por ahí. Empieza por servir. Cuando tu audiencia siente que ganas cuando ellos ganan, los patrocinios, afiliados o productos propios no serán una venta — serán una extensión natural de tu valor.

Finalmente, mira los números — no para obsesionarte, sino para aprender. ¿Qué posts retienen? ¿Qué temas convierten? ¿Dónde entra tu gente? Usa esos datos como brújula, no como juez. Ajusta, prueba, mejora. Tu blog no es un monumento — es un laboratorio vivo.

Este capítulo no es teoría. Es tu manual de supervivencia (y prosperidad) en el mundo del blogging. Domina estos fundamentos, y no solo tendrás un blog... tendrás una voz que importa.

¿Qué vas a publicar hoy que haga que alguien diga "esto era justo lo que necesitaba"? El micrófono está encendido. 🎙

Capítulo 3; Creación de contenido de calidad

El contenido es el alma de un blog. Es la razón por la que los lectores visitan y regresan a un sitio web, y es lo que les mantiene comprometidos y conectados con el blog. El contenido de calidad es fundamental para el éxito de un blog, ya que es la base sobre la cual se construye una audiencia leal y comprometida.

El contenido de calidad tiene el poder de informar, educar, entretener y motivar a los lectores. Proporciona respuestas a sus preguntas, soluciones a sus problemas y les ayuda a alcanzar sus objetivos. Un blog con contenido valioso y relevante establece una reputación de autoridad en su nicho y se convierte en una fuente confiable de información.

Beneficios de ofrecer contenido valioso y relevante

Ofrecer contenido valioso y relevante tiene numerosos beneficios para un blog. En primer lugar, atrae a una audiencia más amplia y aumenta el tráfico del sitio web. Cuando los lectores encuentran contenido útil y de calidad, son más propensos a compartirlo en sus redes sociales, recomendarlo a otros y regresar al blog en busca de más información.

Además, el contenido de calidad ayuda a establecer la autoridad y la credibilidad de un blog. Cuando los lectores perciben que un blog ofrece información confiable y precisa, se convierten en seguidores leales y confían en las recomendaciones y consejos proporcionados por el autor. Esto puede llevar a oportunidades de colaboración, patrocinios y crecimiento de la marca personal.

Otro beneficio clave es la generación de leads y conversiones.

El contenido valioso y relevante tiene el potencial de atraer a lectores interesados y motivarlos a realizar acciones, como suscribirse al boletín informativo, descargar un recurso gratuito o realizar una compra. Esto ayuda a construir una lista de correo electrónico y a desarrollar relaciones duraderas con los lectores.

Impacto en la satisfacción de la audiencia y el crecimiento del blog

La satisfacción de la audiencia es un factor crítico para el éxito de un blog. Cuando los lectores encuentran contenido valioso, relevante y bien presentado, su satisfacción aumenta. Esto se traduce en un mayor compromiso, interacción y fidelidad hacia el blog. Los lectores satisfechos son más propensos a compartir el contenido con otros, dejar comentarios, participar en debates y convertirse en defensores del blog.

Además, el contenido de calidad contribuye al crecimiento del blog al atraer a nuevos lectores y retener a los existentes. Cuando los lectores encuentran respuestas a sus preguntas y soluciones a sus problemas, se convierten en seguidores leales y se suscriben al blog para recibir más contenido valioso.

Esto crea un ciclo virtuoso en el que el blog crece orgánicamente a través del "boca a boca" y el aumento del tráfico. El contenido de calidad es esencial para el éxito de un blog. Proporciona beneficios como atraer tráfico, establecer autoridad, generar leads y conversiones, y mejorar la satisfacción de la audiencia.

Al crear contenido valioso y relevante, un blog puede construir una base sólida de seguidores comprometidos y lograr un crecimiento sostenible a largo plazo.

Identificación de tu audiencia y sus necesidades

Para crear contenido de calidad es fundamental comprender a tu audiencia objetivo. Esto implica realizar una investigación exhaustiva para conocer sus características demográficas, intereses, comportamientos en línea y preferencias de consumo de contenido.

Puedes utilizar herramientas como encuestas, análisis de redes sociales, análisis de tráfico del sitio web y grupos de enfoque para recopilar información valiosa.

La investigación de tu audiencia te ayudará a identificar sus intereses, pasiones y preocupaciones. Al comprender lo que les motiva y les interesa, podrás crear contenido que les resulte relevante y atractivo. Esto te permitirá establecer una conexión más profunda con tu audiencia y generar un mayor compromiso.

Definición de las necesidades y problemas que tu contenido puede resolver

Una vez que hayas identificado a tu audiencia objetivo, es importante comprender sus necesidades y problemas. ¿Qué tipo de información están buscando? ¿Qué desafíos enfrentan en su vida o trabajo? ¿Qué soluciones están buscando? Al responder a estas preguntas, podrás crear contenido que responda a esas necesidades y proporcione soluciones prácticas.

El contenido que aborda las necesidades y problemas de tu audiencia tiene un mayor impacto. Les demuestra que entiendes sus inquietudes y estás dispuesto a ayudarles. Al ofrecer soluciones y consejos prácticos, estableces tu blog como una fuente confiable de información y te conviertes en un recurso valioso para tu audiencia.

Creación de buyer personas para orientar tus esfuerzos de creación de contenido

Una técnica efectiva para comprender mejor a tu audiencia es crear buyer personas. Un buyer persona es un perfil ficticio que representa a tu cliente ideal. Incluye detalles demográficos, intereses, comportamientos, objetivos y desafíos. Crear buyer personas te ayuda a visualizar a tu audiencia objetivo de manera más clara y te permite personalizar tu contenido para satisfacer sus necesidades específicas.

Al crear buyer personas, considera diferentes segmentos de tu audiencia y sus características distintivas. Por ejemplo, puedes tener un buyer persona que representa a profesionales jóvenes que buscan avanzar en sus carreras, y otro que representa a madres ocupadas que buscan consejos de crianza.

Esto te ayudará a adaptar tu contenido a diferentes grupos y maximizar su relevancia. La identificación de tu audiencia y sus necesidades es fundamental para crear contenido de calidad. La investigación de tu audiencia, la comprensión de sus intereses y la definición de sus necesidades te permitirán ofrecer contenido relevante y útil. La creación de buyer personas te ayudará a personalizar tu contenido y a dirigir tus esfuerzos de creación de contenido de manera más efectiva.

Generación de ideas de contenido

Encontrar ideas originales de contenido es esencial para mantener tu blog fresco y atractivo.

Para ello, puedes utilizar diversas fuentes de inspiración;

1. **Experiencia personal**; Reflexiona sobre tu experiencia, conocimientos y habilidades. Identifica los temas en los que destacas y que podrían interesar a tu audiencia.

2. **Preguntas y comentarios de la audiencia**; Observa las preguntas que te hacen tus lectores o los comentarios que dejan en tu blog. Estos pueden inspirar ideas para artículos que resuelvan sus inquietudes.

3. **Investigación en línea**; Explora otros blogs, foros y redes sociales en tu nicho. Observa los temas populares y las discusiones relevantes. Esto te brindará ideas sobre lo que está captando la atención de tu audiencia.

4. **Noticias y eventos actuales**; Mantente al tanto de las noticias y eventos relacionados con tu nicho. Estos pueden proporcionarte ideas frescas y oportunas para crear contenido.

Uso de herramientas de investigación de palabras clave para identificar temas populares

Las herramientas de investigación de palabras clave son recursos valiosos para generar ideas de contenido. Estas herramientas te muestran las palabras clave y frases más buscadas en tu nicho, lo que indica los temas populares y relevantes para tu audiencia.

Algunas herramientas populares incluyen Google Keyword Planner, SEMrush y Ahrefs. Al utilizar estas herramientas, puedes identificar palabras clave relacionadas con tu nicho y descubrir la cantidad de búsquedas mensuales y la competencia asociada con cada término. Esto te ayudará a seleccionar temas que sean populares y que te brinden una oportunidad de clasificar en los motores de búsqueda.

Exploración de tendencias y noticias relevantes en tu nicho

Mantenerse al tanto de las tendencias y noticias en tu nicho es crucial para generar contenido relevante y oportuno. Sigue blogs populares, suscríbete a boletines informativos y establece alertas de noticias para recibir actualizaciones sobre temas relevantes.

Al estar al tanto de las tendencias, podrás crear contenido que responda a los intereses actuales de tu audiencia. Además, puedes aprovechar eventos o celebraciones relacionadas con tu nicho para crear contenido temático que atraiga a tu audiencia. Para generar ideas de contenido de calidad, es importante buscar fuentes de inspiración, como tu experiencia personal y los comentarios de la audiencia.

Utiliza herramientas de investigación de palabras clave para identificar temas populares y relevantes, y mantente actualizado sobre las tendencias y noticias en tu nicho. Estas prácticas te ayudarán a generar ideas originales y atractivas para mantener tu blog fresco y atraer a tu audiencia.

Planificación y estructuración del contenido

Crear un calendario editorial es fundamental para una planificación eficiente del contenido. Este calendario te permite establecer fechas de publicación, asignar temas y organizar tu estrategia de contenido a largo plazo.

Al desarrollar un calendario editorial, considera los siguientes aspectos;

1. **Frecuencia de publicación**; Determina con qué frecuencia deseas publicar en tu blog. Puede ser diario, semanal, quincenal o mensual, dependiendo de tus recursos y capacidad para generar contenido de calidad.

2. **Fechas importantes**; Identifica fechas relevantes para tu nicho o audiencia, como

festividades, eventos o lanzamientos de productos. Aprovecha estas fechas para crear contenido temático y atraer a tu audiencia.

3. **Equilibrio de temas**; Distribuye tus temas de manera equilibrada a lo largo del tiempo. Considera diferentes categorías o temas principales para asegurarte de que tu blog sea variado y aborde los intereses de tu audiencia.

Definición de objetivos y temas para cada pieza de contenido

Antes de crear contenido, es importante establecer objetivos claros y definir los temas que abordarás en cada pieza. Los objetivos pueden incluir educar a tu audiencia, generar tráfico, aumentar la interacción o promocionar un producto o servicio.

Al definir los temas, asegúrate de que estén alineados con los intereses de tu audiencia y respaldados por la investigación de palabras clave. Considera la relevancia, la originalidad y el potencial de engagement de cada tema.

Creación de una estructura clara y coherente para tus artículos

Una estructura clara y coherente es esencial para que tus artículos sean fáciles de leer y comprender.

Considera los siguientes elementos al estructurar tu contenido;

1. **Título llamativo**; Crea un título atractivo y relevante que capte la atención de los lectores y resuma el contenido del artículo.

2. **Introducción persuasiva**; En la introducción, presenta el tema y engancha a los lectores. Haz una declaración intrigante, plantea una pregunta o brinda un dato interesante para capturar su interés desde el principio.

3. **Desarrollo de ideas con organización y coherencia**; Organiza tus ideas en párrafos o secciones claras y coherentes. Utiliza subtítulos para dividir el contenido y facilitar la lectura.

4. **Uso de ejemplos, datos y estadísticas**; Refuerza tus ideas y argumentos con ejemplos, datos y estadísticas relevantes. Esto brinda credibilidad a tu contenido y respalda tus afirmaciones.

5. **Cierre efectivo y llamada a la acción**; Concluye tu artículo de manera satisfactoria, resumiendo los puntos clave y proporcionando una conclusión clara. Incluye una llamada a la acción que anime a los lectores a participar, compartir o dejar comentarios.

Al estructurar tu contenido de esta manera, garantizas que sea fácil de leer, comprender y seguir. Esto ayuda a mantener el interés de los lectores y les proporciona una experiencia satisfactoria en tu blog. La planificación y estructuración del contenido son fundamentales para un blogging exitoso. Elabora un calendario editorial que establezca fechas de publicación y distribuya tus temas de manera equilibrada.

Define objetivos claros y elige temas relevantes para cada pieza de contenido. Además, crea una estructura clara y coherente en tus artículos, desde el título hasta la llamada a la acción. Estas prácticas te ayudarán a organizar tu trabajo, crear contenido de calidad y brindar una experiencia atractiva a tus lectores.

Escritura efectiva y persuasiva

La escritura persuasiva es clave para captar y mantener la atención del lector en un blog.

Algunas técnicas efectivas incluyen;

1. **Utilizar un lenguaje activo y directo**; Utiliza verbos enérgicos y frases concretas para comunicar tus ideas de manera clara y contundente. Esto genera un impacto más fuerte en el lector y hace que tu mensaje sea más persuasivo.

2. **Apelar a las emociones**; Conecta emocionalmente con tu audiencia al utilizar historias, ejemplos y metáforas que les hagan sentir identificados o emocionalmente involucrados. Las emociones pueden despertar el interés y motivar a los lectores a seguir leyendo.

3. **Proporcionar pruebas y testimonios**; Respaldar tus afirmaciones con pruebas y testimonios creíbles fortalece tu argumento y aumenta la confianza del lector en lo que estás comunicando. Estas pruebas pueden ser estadísticas, estudios, citas de expertos u opiniones de personas relevantes en el campo.

Elaboración de introducciones impactantes y conclusiones convincentes

Las introducciones y conclusiones son elementos fundamentales para mantener el interés del lector y lograr que tu mensaje tenga un impacto duradero.

Algunas pautas para crear introducciones impactantes y conclusiones convincentes son;

1. **Introducciones;**
   - Comienza con una frase intrigante o una pregunta que despierte la curiosidad del lector.

- Presenta el problema o la situación que abordarás en tu artículo para generar interés y relevancia.

- Destaca los beneficios o soluciones que ofrecerás a los lectores para captar su atención y motivarlos a seguir leyendo.

2. **Conclusiones;**

   - Resume los puntos clave de tu artículo de manera concisa y clara.

   - Refuerza tus argumentos más fuertes y destaca las principales conclusiones o recomendaciones.

   - Proporciona una llamada a la acción específica que motive a los lectores a realizar una acción, como compartir el artículo, dejar un comentario o seguir explorando tu blog.

Uso de lenguaje claro, conciso y accesible para una fácil comprensión

Es fundamental utilizar un lenguaje claro, conciso y accesible para asegurar que tus lectores comprendan fácilmente tu mensaje.

Algunas recomendaciones son;

1. Evitar jerga técnica o excesivamente especializada, a menos que estés escribiendo

para una audiencia específica que la comprenda.

2. Utilizar oraciones y párrafos cortos para facilitar la lectura y comprensión.

3. Explicar términos complejos o conceptos difíciles de entender en un lenguaje sencillo y con ejemplos claros.

4. Utilizar listas y viñetas para organizar la información y hacerla más digerible.

5. Leer y revisar tu contenido para eliminar cualquier ambigüedad, redundancia o palabras innecesarias.

Al aplicar estas técnicas de escritura persuasiva y utilizar un lenguaje claro y accesible, podrás mantener el interés del lector, transmitir tus ideas de manera efectiva y lograr que tu contenido sea más impactante y convincente.

Optimización del contenido para SEO

La optimización del contenido para SEO (Search Engine Optimization) implica utilizar palabras clave relevantes en tu contenido para que los motores de búsqueda puedan entender de qué trata tu artículo y mostrarlo en los resultados de búsqueda pertinentes.

Algunos consejos para incorporar palabras clave de manera efectiva son;

1. **Realizar una investigación de palabras clave**; Utiliza herramientas de investigación de palabras clave para identificar las palabras y frases que son relevantes para tu nicho y que tienen un volumen de búsqueda significativo. Estas palabras clave deben estar relacionadas con el tema principal de tu contenido.

2. **Utilizar palabras clave de forma natural**; Integra las palabras clave en tu contenido de manera natural, asegurándote de que fluyan con el texto y no parezcan forzadas. Evita el relleno de palabras clave, ya que puede perjudicar la legibilidad y la experiencia del usuario.

3. **Colocar palabras clave estratégicamente**; Es recomendable incluir palabras clave en el título del artículo, en los encabezados principales y en los primeros párrafos. También es beneficioso utilizar palabras clave en los subtítulos y en el texto enlazado dentro de tu contenido.

Uso adecuado de encabezados, etiquetas y formato para mejorar la legibilidad

La legibilidad es un aspecto importante para el SEO, ya que afecta la experiencia del usuario y la capacidad de comprensión del contenido.

Algunas pautas para mejorar la legibilidad de tu contenido son;

1. **Utilizar encabezados y etiquetas HTML**; Utiliza las etiquetas de encabezado (H1, H2, H3, etc.) para estructurar tu contenido y resaltar los puntos clave. Los encabezados ayudan a los motores de búsqueda y a los lectores a navegar y comprender mejor tu artículo.

2. **Fragmentar el contenido con párrafos y viñetas**; Divide el contenido en párrafos cortos y utiliza viñetas o listas numeradas para presentar información de manera organizada y fácil de leer. Esto hace que el contenido sea más atractivo visualmente y facilita la lectura.

3. **Destacar texto importante**; Utiliza el formato adecuado para resaltar palabras o frases importantes, como negrita o cursiva. Esto ayuda a los lectores a identificar rápidamente la información clave y mejora la legibilidad.

Optimización de imágenes y multimedia para una mejor experiencia del usuario

Además del texto, es importante optimizar las imágenes y otros elementos multimedia que utilizas en tu contenido.

Algunas prácticas recomendadas son;

1. **Optimizar el tamaño y formato de las imágenes**; Asegúrate de que las imágenes no sean demasiado pesadas, ya que esto puede ralentizar la carga de tu página. Utiliza formatos de imagen adecuados, como JPEG o PNG, y comprime las imágenes sin comprometer la calidad visual.

2. **Utilizar atributos alt y descripciones**; Agrega atributos alt a tus imágenes para describir su contenido a los motores de búsqueda y a los lectores con discapacidad visual. Además, proporciona descripciones relevantes y descriptivas para las imágenes, lo que también ayuda en el SEO.

3. **Incorporar texto alternativo en contenido multimedia**; Si utilizas videos, audios u otros elementos multimedia en tu contenido, asegúrate de proporcionar texto alternativo o transcripciones para aquellos que no pueden acceder al contenido multimedia. Esto mejora la accesibilidad y la experiencia del usuario.

Al optimizar tu contenido para SEO, asegúrate de equilibrar la optimización con la calidad y relevancia del contenido para proporcionar una experiencia satisfactoria tanto para los motores de búsqueda como para los usuarios.

Uso de elementos visuales y multimedia

Los elementos visuales y multimedia desempeñan un papel fundamental en la creación de contenido de calidad. Estos elementos ayudan a mejorar la experiencia del usuario, transmitir información de manera más efectiva y hacer que tu contenido sea más atractivo y memorable.

Algunos puntos destacados sobre la importancia de estos elementos son;

1. **Atracción visual**; Las imágenes y videos atractivos capturan la atención de los usuarios y los motivan a interactuar con tu contenido. Una imagen o video impactante puede despertar el interés del lector y hacer que se involucre más con el artículo.

2. **Mejor comprensión**; Los elementos visuales, como gráficos y diagramas, son herramientas efectivas para explicar conceptos complejos de manera visualmente clara. Complementan el texto y ayudan a los lectores a comprender mejor la información presentada.

3. **Memoria y retención**; Los elementos visuales y multimedia son más memorables que el texto solo. Los usuarios tienden a recordar información cuando se presenta de forma

visualmente atractiva. Esto contribuye a una mejor retención de la información y a que tu contenido sea más impactante.

Incorporación de elementos visuales para hacer tu contenido más atractivo y compartible

Al agregar elementos visuales a tu contenido, puedes hacerlo más atractivo y compartible para tu audiencia.

Algunas formas de lograrlo son;

1. **Imágenes relevantes**; Utiliza imágenes de alta calidad que estén relacionadas con el tema de tu contenido. Las imágenes pueden ilustrar conceptos, evocar emociones y hacer que el contenido sea más agradable a la vista.

2. **Videos informativos o instructivos**; Los videos son excelentes para demostrar procesos, proporcionar tutoriales o mostrar ejemplos prácticos. Puedes crear videos cortos y concisos que complementen tu contenido escrito y brinden una experiencia más interactiva.

3. **Infografías y gráficos**; Las infografías y gráficos son herramientas visuales efectivas para presentar datos, estadísticas o comparaciones de manera fácil de entender. Puedes utilizar herramientas en línea para crear infografías atractivas que destaquen

información importante de manera visualmente agradable.

Consideración de las mejores prácticas en el uso de elementos multimedia

Al utilizar elementos multimedia en tu contenido, es importante seguir algunas mejores prácticas para garantizar una experiencia óptima para los usuarios;

1. **Calidad y relevancia**; Utiliza imágenes y videos de alta calidad que sean relevantes para tu contenido. Evita el uso de imágenes de baja resolución o videos con mala calidad de audio o visual, ya que pueden afectar negativamente la percepción de tu contenido.

2. **Tamaño y optimización**; Asegúrate de que los archivos de tus elementos visuales y multimedia estén optimizados para la web. Esto implica reducir su tamaño sin comprometer demasiado la calidad. Los archivos grandes pueden ralentizar la carga de tu página, lo que afecta negativamente la experiencia del usuario.

3. **Accesibilidad**; Considera la accesibilidad al utilizar elementos visuales y multimedia. Proporciona descripciones alternativas para las imágenes, subtítulos en los videos y transcripciones para los contenidos audiovisuales. Esto garantiza que tu contenido

sea accesible para personas con discapacidades visuales o auditivas.

El uso de elementos visuales y multimedia en tu contenido es fundamental para mejorar la experiencia del usuario, transmitir información de manera efectiva y hacer que tu contenido sea más atractivo y compartible. Sigue las mejores prácticas mencionadas para aprovechar al máximo estos elementos y optimizar su impacto en tu blog.

Edición y revisión de contenido

La edición y revisión de contenido son etapas fundamentales en el proceso de creación de un blog de calidad. Estas actividades permiten mejorar la claridad, coherencia y profesionalismo de tus artículos. A continuación, se detallan los aspectos clave de la edición y revisión de contenido;

Revisión de gramática, ortografía y estructura de tus artículos

Es importante dedicar tiempo a revisar minuciosamente la gramática y la ortografía de tus artículos.

Algunos puntos a considerar incluyen;

1. **Corrección gramatical**; Asegúrate de que las frases estén correctamente construidas y que los verbos concuerden en tiempo y persona.

Presta atención a la concordancia entre sujetos y verbos, así como a la correcta colocación de los adjetivos y adverbios.

2. **Ortografía precisa**; Verifica la correcta escritura de las palabras y evita errores comunes. Utiliza herramientas de corrección ortográfica y revisa detenidamente las palabras que puedan ser confusas (por ejemplo, homónimos o palabras con múltiples significados).

3. **Estructura clara**; Asegúrate de que tus artículos tengan una estructura coherente y fácil de seguir. Utiliza párrafos bien organizados y encabezados claros para dividir tu contenido en secciones. Esto facilita la lectura y comprensión para tus lectores.

Eliminación de información redundante o confusa

Durante la revisión, es importante identificar y eliminar cualquier información redundante o confusa en tus artículos.

Algunos consejos útiles son;

1. **Evitar repeticiones innecesarias**; Revisa el contenido y elimina frases o párrafos que repitan información ya mencionada. Asegúrate

de que cada oración y párrafo aporte algo nuevo y valioso.

2. **Simplificar el lenguaje**; Elimina la jerga innecesaria y las palabras complicadas que puedan dificultar la comprensión del lector. Utiliza un lenguaje claro y conciso para transmitir tus ideas de manera efectiva.

3. **Verificar la coherencia de la información**; Asegúrate de que la información presentada en tu artículo sea coherente y consistente en todo momento. Evita contradicciones o datos inexactos que puedan generar confusión en tu audiencia.

Mejora de la coherencia y fluidez del contenido

Durante la revisión, presta especial atención a la coherencia y fluidez del contenido.

Algunos aspectos a considerar son;

1. **Transiciones suaves**; Verifica que haya transiciones claras y fluidas entre ideas y párrafos. Utiliza conectores lógicos, como "por lo tanto", "además" o "en conclusión", para guiar al lector a través del flujo de pensamiento.

2. **Voz y tono consistentes**; Mantén una voz y un tono consistentes en todo tu artículo. Asegúrate de que la personalidad y el estilo de

escritura se mantengan coherentes para crear una experiencia de lectura uniforme.

3. **Frases y párrafos concisos**; Revisa tus frases y párrafos para eliminar cualquier redundancia o ambigüedad. Utiliza frases claras y concisas que transmitan tu mensaje de manera directa y efectiva.

La edición y revisión de contenido son pasos esenciales para garantizar la calidad y profesionalismo de tus artículos. Al prestar atención a la gramática, ortografía, estructura, coherencia y fluidez del contenido, podrás ofrecer un material pulido y atractivo para tu audiencia.

Llamadas a la acción efectivas

Las llamadas a la acción (CTAs) son elementos fundamentales en un blog, ya que te permiten guiar a tus lectores hacia acciones específicas que deseas que realicen.

A continuación, se detallan los aspectos clave para crear CTAs efectivas;

- **Uso de CTAs para guiar a los lectores hacia acciones específicas**

Las CTAs son una forma efectiva de motivar a tus lectores a realizar acciones específicas, como suscribirse a tu boletín, compartir el contenido en redes sociales, dejar un comentario o comprar un producto. Estas acciones pueden ayudarte a alcanzar tus objetivos y a interactuar de manera más activa con tu audiencia.

- **Creación de CTAs convincentes y alineadas con los objetivos del blog**

Es importante crear CTAs convincentes que capten la atención de tus lectores y los motiven a actuar.

Algunas recomendaciones para crear CTAs efectivas son;

1. **Utiliza un lenguaje claro y persuasivo**; Elige palabras y frases que generen entusiasmo y despierten el interés de tu audiencia. Sé directo y explícito en cuanto a lo que deseas que hagan.

2. **Destaca los beneficios**; Menciona los beneficios que obtendrán los lectores al realizar la acción que les estás proponiendo. Enfócate en cómo tu oferta o solicitud puede ayudarles a resolver un problema o alcanzar un objetivo.

3. **Genera sentido de urgencia**; Crea un sentido de urgencia al indicar que la acción debe realizarse pronto o que hay una oferta limitada en tiempo o cantidad. Esto puede incentivar a tus lectores a tomar acción de inmediato.

- **Colocación estratégica de las CTAs dentro del contenido**

La ubicación de las CTAs dentro del contenido es fundamental para su efectividad. **Algunas consideraciones son;**

1. **Colócalas en lugares visibles;** Asegúrate de que tus CTAs sean fácilmente visibles para los lectores. Puedes ubicarlas al final de tus artículos, en el sidebar del blog, en banners destacados o incluso dentro del contenido.

2. **Contextualízalas en relación al contenido;** Asegúrate de que las CTAs estén relacionadas directamente con el contenido del artículo. Esto ayuda a que los lectores perciban la relevancia de la acción propuesta y se sientan más motivados a seguir la llamada.

3. **Prueba diferentes ubicaciones y formatos;** Realiza pruebas A/B para evaluar qué ubicación y formato de CTA generan mejores resultados. Puedes probar diferentes colores, tamaños, textos y ubicaciones para encontrar la combinación más efectiva.

Las CTAs son herramientas poderosas para guiar a tus lectores hacia acciones específicas. Al crear CTAs convincentes, alineadas con tus objetivos y colocarlas estratégicamente dentro del contenido, podrás aumentar la participación y el compromiso de tu audiencia.

Resumen del Capítulo 3

Si tu blog fuera un restaurante, el contenido sería tu plato estrella. No importa cuán bonito sea el local ni cuánto grites "¡entren!", **si lo que sirves no alimenta**, inspira o resuelve algo real, la gente no volverá. Este capítulo te recuerda algo poderoso; crear contenido de calidad no es un lujo, es tu contrato con el lector. Es la promesa de que cada palabra que leen valió su tiempo.

Y no, **no se trata de ser perfecto**. Se trata de ser útil. De entender tan bien a tu audiencia — sus dolores, sueños, preguntas no dichas — que puedas escribir como si estuvieras respondiendo directamente a ellos, en una conversación de café. Usa buyer personas no como ejercicio de marketing, sino como brújula humana; ¿qué necesita María esta semana? ¿Qué duda tiene Carlos antes de tomar una decisión? **Escribe para ellos**, no para algoritmos… aunque los algoritmos también te lo agradecerán.

Las ideas no se agotan — se cultivan. Escucha a tu comunidad, revisa lo que preguntan en los comentarios, explora lo que otros no están diciendo en tu nicho, y, sobre todo, usa herramientas de palabras clave no para manipular, sino para descubrir qué está buscando el mundo… y cómo puedes ser tú quien lo responda mejor. Las tendencias no son modas pasajeras; son señales de lo que duele, lo que emociona, lo que importa ahora.

Planifica, sí, pero sin rigidez. Un calendario editorial no es una cárcel, es un mapa. Te libera del pánico del "¿qué escribo hoy?" y te da espacio para respirar, investigar, pulir. Y cuando escribas, hazlo con estructura, no con fórmulas; un título que invite, una introducción que enganche como un buen primer capítulo de novela, un desarrollo que guíe sin abrumar, y un cierre que no solo concluya, sino que invite a hacer algo — comentar, compartir, probar, suscribirse.

Escribe como hablas, pero **con propósito**. Usa lenguaje claro, evita la jerga innecesaria, y, sobre todo, sé humano. Las emociones no distraen; conectan. Una historia personal, un ejemplo real, un "yo también estuve ahí" — eso es lo que hace que tu contenido se quede en la memoria, no en el scroll.

Y no olvides lo visual. **Una imagen bien elegida no decora; comunica**. Un video no entretiene; enseña. Una infografía no embellece; simplifica. Optimízalos, sí, pero primero, hazlos con sentido. Que cada elemento visual tenga un "por qué".

Antes de publicar, edita como si fueras tu lector más exigente. ¿Se entiende? ¿Sobra algo? ¿Falta claridad? Corta lo redundante, afina lo confuso, y asegúrate de que cada párrafo aporte valor. La primera versión es para ti. La última, para ellos.

Y al final, no dejes a tu lector en el aire. Guíalo. Una llamada a la acción no es un grito de ventas — es una invitación a seguir juntos; "¿te resonó esto? cuéntame por qué", "¿quieres más como esto? suscríbete", "¿esto te ayudó? compártelo con quien lo necesite".

Contenido de calidad no es el que más gusta — es el que más sirve. El que resuelve, inspira, acompaña. Ese es el que construye audiencias leales, comunidades activas y, con el tiempo, blogs que perduran.

¿Qué vas a crear hoy que alguien agradezca haber encontrado?

Capítulo 4; Diseño y usabilidad del blog

El diseño de un blog desempeña un papel crucial en la formación de la primera impresión que los visitantes tienen del sitio. Un diseño atractivo y profesional genera confianza y credibilidad, lo que puede captar la atención del usuario y hacer que se involucre con el contenido. Un diseño descuidado o poco atractivo, por otro lado, puede dar la impresión de falta de profesionalismo y desviar a los visitantes antes de que realmente exploren el contenido.

La influencia de la usabilidad en la experiencia del usuario;

La usabilidad se refiere a la facilidad con la que los visitantes pueden interactuar con un sitio web y encontrar la información que están buscando. Un blog con una buena usabilidad proporciona una experiencia fluida y sin obstáculos, lo que permite a los usuarios navegar de manera intuitiva y acceder al contenido de manera eficiente.

Esto implica tener una estructura de navegación clara, enlaces funcionales, carga rápida de páginas y un diseño receptivo que se adapte a diferentes dispositivos.

Cómo un diseño y una usabilidad adecuados pueden aumentar la retención de los visitantes y el tiempo de permanencia en el blog;

Un diseño atractivo y una usabilidad efectiva pueden influir en la retención de los visitantes y el tiempo que pasan en un blog. Cuando los visitantes encuentran un diseño atractivo y una interfaz fácil de usar, es más probable que se sientan atraídos y se involucren con el contenido. Si el diseño es confuso o la usabilidad es deficiente, los visitantes pueden abandonar rápidamente el sitio sin explorar más a fondo.

Por otro lado, un diseño agradable y una experiencia de usuario fluida pueden mantener a los visitantes en el blog por más tiempo, lo que aumenta las posibilidades de que interactúen con el contenido, realicen conversiones y regresen en el futuro. El diseño y la usabilidad son elementos fundamentales para el éxito de un blog. Un diseño atractivo y una usabilidad efectiva pueden crear una buena primera impresión, mejorar la experiencia del usuario y aumentar la retención de los visitantes.

Al invertir tiempo y recursos en la optimización del diseño y la usabilidad de un blog, se puede establecer una base sólida para atraer y retener a la audiencia, lo que a su vez contribuye al crecimiento y éxito del blog.

Principios de diseño web para blogs

Un principio fundamental del diseño web para blogs es mantener un diseño limpio y organizado que facilite la navegación del usuario.

Esto implica utilizar una estructura de navegación clara y jerárquica, con menús intuitivos que permitan a los usuarios encontrar fácilmente la información que están buscando. Además, se debe evitar el desorden visual y asegurarse de que el diseño no distraiga al usuario del contenido principal. Al mantener un diseño limpio y organizado, se mejora la experiencia del usuario y se fomenta la retención de los visitantes.

Uso adecuado de colores, tipografía y elementos visuales;

El uso adecuado de colores, tipografía y elementos visuales es esencial para crear un diseño web atractivo y coherente. Los colores deben elegirse cuidadosamente para transmitir la personalidad de la marca y garantizar una buena legibilidad del texto.

La tipografía debe ser legible y coherente en todo el blog, con tamaños y estilos apropiados para el contenido. Además, la inclusión de elementos visuales como imágenes, iconos y gráficos puede mejorar la apariencia visual del blog y ayudar a transmitir información de manera efectiva. Es importante mantener un equilibrio entre los elementos visuales y el contenido escrito para no abrumar al usuario.

Consideración de la estructura de la página y la disposición del contenido;

La estructura de la página y la disposición del contenido juegan un papel crucial en la experiencia del usuario y la legibilidad del blog. Se debe tener en cuenta la jerarquía visual al presentar el contenido, utilizando encabezados y subtítulos para organizar y resaltar la información importante.

Asimismo, es fundamental utilizar espacios en blanco adecuados para separar visualmente los diferentes elementos y evitar la congestión visual. Además, se debe asegurar que el diseño sea receptivo, es decir, que se adapte a diferentes dispositivos y tamaños de pantalla, para garantizar una experiencia consistente y accesible para todos los usuarios.

Al aplicar estos principios de diseño web en un blog, se logra un aspecto visualmente atractivo, una navegación intuitiva y una experiencia de usuario mejorada. Esto ayuda a captar la atención de los visitantes, facilita la comprensión del contenido y contribuye a la retención de la audiencia. Un diseño web bien pensado y ejecutado refuerza la credibilidad del blog y refleja el compromiso con la calidad y la profesionalidad.

Elementos clave del diseño del blog

A. Diseño responsivo para adaptarse a diferentes dispositivos y tamaños de pantalla; En la era digital actual, es crucial que un blog tenga un diseño responsivo, es decir, que se adapte de manera fluida y efectiva a diferentes dispositivos, como computadoras de escritorio, tablets y teléfonos móviles. Esto garantiza que los usuarios puedan acceder y navegar por el blog de manera cómoda y sin problemas, independientemente del dispositivo que estén utilizando.

Un diseño responsivo ajusta automáticamente el diseño, los elementos visuales y la disposición del contenido para que se visualicen de manera óptima en cada pantalla, evitando la necesidad de hacer zoom o desplazamientos horizontales. Al tener un diseño responsivo, se mejora la experiencia del usuario y se aumenta la accesibilidad del blog.

Cabecera y logotipo, deben ser distintivos para una identidad visual sólida;

La cabecera y el logotipo son elementos clave en el diseño de un blog, ya que ayudan a establecer una identidad visual sólida y reconocible. La cabecera es el encabezado del blog, ubicado en la parte superior de cada página, y generalmente contiene el logotipo y el nombre del blog. Es importante que la cabecera sea atractiva y refleje el estilo y la temática del blog.

El logotipo, por su parte, es un elemento gráfico que representa la marca del blog y debe ser único y memorable. Tener una cabecera y un logotipo distintivos contribuye a la coherencia visual de todo el blog y ayuda a crear una imagen profesional y confiable.

Menús de navegación claros y accesibles;

Los menús de navegación son elementos fundamentales para facilitar la exploración del blog y ayudar a los usuarios a encontrar rápidamente la información que buscan. Deben ser claros, fáciles de entender y accesibles desde cualquier página del blog. Un menú bien diseñado debe tener una estructura jerárquica y desplegarse de manera intuitiva, permitiendo a los usuarios navegar por las diferentes secciones del blog de forma fluida.

Además, se pueden incluir opciones de búsqueda y categorías para una organización adicional del contenido. Un menú de navegación claro y accesible mejora la experiencia del usuario, aumenta la retención y reduce la tasa de rebote. Estos elementos clave del diseño del blog, como el diseño responsivo, una cabecera distintiva y menús de navegación claros y accesibles, son fundamentales para garantizar una experiencia de usuario positiva.

Un diseño bien pensado y ejecutado crea una interfaz amigable, facilita la exploración del contenido y refuerza la identidad visual del blog. Al centrarse en estos aspectos, se promueve la usabilidad, la retención de visitantes y se construye una base sólida para el éxito del blog.

Optimización de la velocidad de carga del blog

La velocidad de carga de un blog juega un papel fundamental en la experiencia del usuario. Los usuarios modernos esperan que los sitios web se carguen de manera rápida y eficiente. Si un blog tarda demasiado en cargarse, es probable que los visitantes se impacienten y abandonen la página, lo que puede resultar en una alta tasa de rebote y una disminución en el tiempo de permanencia en el sitio.

Además, los motores de búsqueda como Google también consideran la velocidad de carga como un factor de clasificación, lo que significa que un blog más lento puede tener un impacto negativo en el posicionamiento en los resultados de búsqueda. Por lo tanto, optimizar la velocidad de carga del blog es crucial para brindar una experiencia positiva al usuario, retener visitantes y mejorar el rendimiento general del sitio.

Técnicas para optimizar la velocidad de carga;

Existen diversas técnicas que se pueden aplicar para optimizar la velocidad de carga del blog y mejorar su rendimiento.

Algunas de estas técnicas incluyen;

1. **Compresión de imágenes**; Las imágenes suelen ser uno de los elementos que más tiempo de carga consumen. Utilizar herramientas de compresión de imágenes permite reducir su tamaño sin comprometer significativamente la calidad visual. Esto ayuda a acelerar el tiempo de carga sin sacrificar la experiencia visual.

2. **Reducción de código innecesario**; Revisar y eliminar cualquier código innecesario o redundante en el blog puede contribuir a reducir el tamaño total de los archivos y

mejorar la velocidad de carga. Esto incluye eliminar espacios en blanco, comentarios o código obsoleto que no se utiliza.

3. **Caché de contenido estático**; Utilizar técnicas de caché permite almacenar en la memoria caché del navegador elementos estáticos del blog, como archivos CSS y JavaScript. De esta manera, los usuarios no tienen que volver a cargar estos elementos cada vez que visitan una página, lo que acelera la carga del sitio.

4. **Minificación de archivos CSS y JavaScript**; La Minificación consiste en eliminar espacios en blanco, comentarios y caracteres innecesarios de los archivos CSS y JavaScript, reduciendo así su tamaño. Esto ayuda a disminuir el tiempo de carga al transferir archivos más pequeños al navegador del usuario.

5. **Uso de CDN (Content Delivery Network)**; Una CDN es una red de servidores distribuidos geográficamente que almacena en caché los contenidos estáticos de un blog, como imágenes, videos o archivos JavaScript. Al utilizar una CDN, los archivos se entregan al usuario desde el servidor más cercano a su ubicación geográfica, lo que reduce la latencia y mejora la velocidad de carga.

Al implementar estas técnicas de optimización de velocidad de carga, se puede lograr un blog más rápido y receptivo, lo que resultará en una experiencia del usuario mejorada y una mayor retención de visitantes. Es importante realizar pruebas periódicas de velocidad de carga y estar atento a las actualizaciones de las mejores prácticas para asegurarse de que el blog se mantenga ágil y eficiente a medida que evoluciona.

Mejora de la accesibilidad del blog

A. Consideración de las pautas de accesibilidad; La accesibilidad es un aspecto fundamental en el diseño y desarrollo de un blog. Se refiere a la capacidad de todas las personas, incluyendo aquellas con discapacidades o limitaciones, de acceder y utilizar el contenido de un sitio web. Al tener en cuenta las pautas de accesibilidad, se asegura que el blog sea accesible para una audiencia más amplia y se cumplan los estándares de inclusión.

Algunas pautas importantes a considerar incluyen;

- **Uso de etiquetas adecuadas;** Es fundamental utilizar etiquetas HTML apropiadas para estructurar y describir el contenido del blog. Las etiquetas de encabezado (h1, h2, h3, etc.) deben utilizarse para jerarquizar y organizar el texto, lo que ayuda a los usuarios a comprender mejor la estructura del contenido.

- **Texto alternativo para imágenes**; Proporcionar texto alternativo descriptivo para todas las imágenes es esencial para permitir que las personas con discapacidad visual comprendan el contenido visual del blog. El texto alternativo debe ser claro y conciso, describiendo el propósito o la información transmitida por la imagen.

Uso de etiquetas adecuadas para enlaces;

Al crear enlaces, es importante utilizar etiquetas de ancla descriptivas en lugar de enlaces genéricos como "clic aquí". Esto ayuda a los usuarios con discapacidad visual a entender el contexto y el destino del enlace mediante el uso de lectores de pantalla.

Opciones de ajuste de tamaño de texto y contraste;

Proporcionar opciones para ajustar el tamaño de texto y el contraste de la página es crucial para las personas con discapacidades visuales. Estas opciones permiten que los usuarios adapten el diseño del blog a sus necesidades específicas, mejorando así su experiencia de lectura.

Además de estas consideraciones, existen muchas otras pautas de accesibilidad que pueden implementarse, como proporcionar subtítulos en videos, ofrecer descripciones de audio para contenido multimedia, garantizar un orden lógico de navegación por teclado y asegurarse de que el diseño sea compatible con tecnologías de asistencia como lectores de pantalla.

La mejora de la accesibilidad del blog no solo es una responsabilidad ética, sino que también amplía la base de usuarios potenciales y mejora la experiencia de todos los visitantes. Al seguir las pautas de accesibilidad, se asegura que el contenido del blog sea accesible para todas las personas, sin importar sus capacidades o limitaciones.

Pruebas y optimización del diseño y la usabilidad

Para mejorar el diseño y la usabilidad del blog, es crucial utilizar herramientas de análisis que proporcionen información sobre el comportamiento de los usuarios. Estas herramientas, como Google Analytics, permiten rastrear métricas importantes, como el tiempo de permanencia en el sitio, las páginas más visitadas y las tasas de rebote. Analizando estos datos, se pueden identificar áreas de mejora y detectar posibles problemas en el diseño y la usabilidad del blog.

Pruebas de usabilidad;

Las pruebas de usabilidad son una metodología efectiva para identificar posibles problemas y recopilar información sobre cómo los usuarios interactúan con el blog. Estas pruebas implican que los usuarios reales realicen tareas específicas en el sitio web mientras se observa su comportamiento y se recopilan comentarios.

Esto proporciona una visión directa de la experiencia del usuario y ayuda a identificar obstáculos, dificultades de navegación o áreas confusas en el diseño del blog. Durante las pruebas de usabilidad, se pueden utilizar diferentes técnicas, como el seguimiento ocular para comprender qué elementos atraen más la atención de los usuarios o la grabación de sesiones para analizar el comportamiento de forma más detallada.

También se pueden realizar encuestas o entrevistas para recopilar comentarios directos de los usuarios sobre su experiencia.

Ajustes y mejoras continuas;

Basándose en los resultados de las pruebas y el análisis de las métricas, es importante realizar ajustes y mejoras continuas en el diseño y la usabilidad del blog. Esto implica corregir problemas identificados durante las pruebas de usabilidad, optimizar elementos de diseño para mejorar la legibilidad y la navegación, y realizar cambios según los comentarios de los usuarios.

Estos ajustes pueden incluir cambios en la disposición de los elementos, la simplificación de la navegación, la mejora de la claridad del contenido o la optimización de la velocidad de carga. Es fundamental comprender que la optimización del diseño y la usabilidad de un blog es un proceso continuo. A medida que se implementan los ajustes, es importante realizar un seguimiento de los resultados y continuar evaluando y mejorando en función de los datos recopilados.

Al mantenerse atento a las necesidades y expectativas de los usuarios, se puede lograr un diseño y una usabilidad óptimos que satisfagan a la audiencia y mejoren la experiencia general en el blog.

Integración de elementos interactivos

La integración de formularios de contacto y secciones de comentarios en el blog es una excelente manera de fomentar la interacción con los lectores. Los formularios de contacto permiten que los visitantes del blog se comuniquen directamente con el autor o el equipo detrás del blog, lo que facilita la recepción de consultas, comentarios o colaboraciones.

Esto no solo promueve la participación activa de los lectores, sino que también brinda la oportunidad de establecer conexiones y relaciones con la audiencia. Por otro lado, las secciones de comentarios son espacios donde los lectores pueden dejar sus opiniones, preguntas o aportes sobre el contenido publicado.

Estas secciones ofrecen un medio para la interacción entre los lectores y también pueden generar debates y discusiones enriquecedoras. Al responder a los comentarios de manera oportuna y constructiva, se fomenta aún más la participación de la audiencia y se establece un diálogo continuo.

Incorporación de funciones de búsqueda y filtros;

Para facilitar la exploración del contenido en el blog,

es esencial contar con funciones de búsqueda y filtros. La función de búsqueda permite a los visitantes buscar contenido específico utilizando palabras clave o frases relevantes. Esto mejora la usabilidad del blog al permitir a los usuarios encontrar rápidamente la información que están buscando, incluso en blogs con una gran cantidad de artículos.

Además de la búsqueda, los filtros también son útiles para organizar el contenido y ayudar a los lectores a encontrar información específica. Por ejemplo, se pueden agregar filtros por categoría, etiquetas, fecha de publicación u otros criterios relevantes. Esto permite a los usuarios navegar por el contenido de manera más eficiente y personalizar su experiencia de lectura de acuerdo con sus intereses.

Inclusión de botones para compartir en redes sociales;

Para facilitar la difusión del contenido del blog y aumentar su alcance, es fundamental incorporar botones para compartir en redes sociales. Estos botones permiten a los lectores compartir fácilmente el contenido en sus perfiles de redes sociales con solo un clic. Al hacerlo, se promueve la viralización del contenido, ya que los lectores pueden compartirlo con sus seguidores y amigos, lo que puede generar un mayor tráfico y una mayor visibilidad del blog.

Además de los botones para compartir, también es recomendable incluir botones para seguir o suscribirse a las cuentas de redes sociales del blog. Esto permite a los lectores mantenerse actualizados sobre las últimas publicaciones y novedades, y fortalece la relación entre el blog y su audiencia.

La integración de elementos interactivos en el diseño del blog, como formularios de contacto, secciones de comentarios, funciones de búsqueda y filtros, y botones para compartir en redes sociales, mejora la interacción con los lectores, facilita la exploración del contenido y amplifica la difusión del blog en línea. Estos elementos brindan una experiencia más enriquecedora y participativa para la audiencia, lo que a su vez fortalece la presencia y el impacto del blog.

Optimización del diseño para SEO

Una parte fundamental de la optimización del diseño para SEO es utilizar etiquetas de encabezado (H1, H2, H3, etc.) y metadatos de manera adecuada. Las etiquetas de encabezado ayudan a estructurar el contenido y proporcionan jerarquía en la página. El encabezado principal (H1) debe incluir palabras clave relevantes y resumir el tema principal del contenido.

Los encabezados secundarios (H2, H3, etc.) se utilizan para subdividir y organizar el contenido en secciones más pequeñas. Además, es importante optimizar los metadatos, como el título y la descripción de la página. El título debe ser conciso, descriptivo y contener palabras clave relevantes.

La descripción meta debe ser atractiva y resumir brevemente el contenido de la página, alentando a los usuarios a hacer clic en los resultados de búsqueda. Estos metadatos no solo mejoran la legibilidad de la página, sino que también influyen en cómo se muestra en los motores de búsqueda.

Optimización de la estructura de URL y la navegación interna;

La estructura de URL debe ser clara, amigable para los motores de búsqueda y fácil de entender para los usuarios. Es recomendable incluir palabras clave relevantes en las URL para que los motores de búsqueda puedan identificar rápidamente el tema de la página.

Por ejemplo, en lugar de una URL genérica como "www.ejemplo.com/p=123", es preferible utilizar una URL descriptiva como "www.ejemplo.com/nombre-del-articulo".

Además, una navegación interna bien estructurada es esencial para mejorar la indexación de los motores de búsqueda y la experiencia del usuario. Los enlaces internos relevantes ayudan a establecer la jerarquía y la relación entre las páginas, lo que facilita la navegación y la comprensión del contenido por parte de los motores de búsqueda.

Además, los enlaces internos también permiten a los usuarios descubrir más contenido relevante dentro del blog, lo que aumenta el tiempo de permanencia y la interacción.

Uso de etiquetas alt en imágenes y enlaces internos;

Las etiquetas alt en imágenes son descripciones que se agregan al código HTML de una imagen y permiten a los motores de búsqueda comprender el contenido de la imagen, ya que no pueden interpretar visualmente las imágenes como los humanos. Al utilizar palabras clave relevantes en las etiquetas alt, se mejora la optimización SEO de la página y se aumenta la posibilidad de aparecer en los resultados de búsqueda de imágenes.

Además, el uso de enlaces internos relevantes también es importante para la optimización SEO. Al enlazar palabras clave relevantes dentro del contenido hacia otras páginas del blog, se crea una estructura de enlaces internos que ayuda a los motores de búsqueda a entender mejor el contexto y la relevancia del contenido.

Esto también mejora la navegación interna y fomenta la interacción del usuario con más páginas del blog. Optimizar el diseño del blog para SEO implica utilizar etiquetas de encabezado y metadatos adecuados, optimizar la estructura de URL y la navegación interna, y utilizar etiquetas alt en imágenes y enlaces internos relevantes.

Estas prácticas ayudan a mejorar la legibilidad, la clasificación en los motores de búsqueda y la optimización SEO en general, lo que resulta en una mayor visibilidad y tráfico orgánico para el blog.

Resumen del capítulo 4

Imagina que tu blog es una casa. No importa cuán buenos sean los muebles o la comida que ofrezcas… si la puerta está torcida, el pasillo es un laberinto y las luces parpadean, pocos querrán quedarse. Este capítulo no habla de hacerlo "bonito". Habla de hacerlo funcional, acogedor y rápido. Porque en internet, **la primera impresión no dura segundos — dura milisegundos**. Y si tu blog no los aprovecha, tu contenido — por brillante que sea — se quedará sin testigos.

El diseño no es decoración. Es comunicación silenciosa. Te dice al visitante; "Aquí sabemos lo que hacemos. Aquí te cuidamos. Aquí vale la pena quedarse". Un diseño limpio, con jerarquía visual, tipografía legible y colores que guían — no gritan — genera confianza antes de que se lea una sola palabra. Y la usabilidad es aún más poderosa; es la magia de que alguien encuentre lo que busca sin pensar, sin frustrarse, sin tener que hacer zoom en el móvil. Eso no es detalle — es respeto.

Hazlo responsivo. No es opcional. Es obligación. Si tu blog no se ve bien en un teléfono, estás cerrándole la puerta a más de la mitad de tus visitantes potenciales. Y no solo eso; Google también te castigará. Velocidad, por cierto, no es un "plus". Es el oxígeno de tu blog. Un segundo de demora puede costarte un 20% de tus lectores. Optimiza imágenes, limpia código, usa caché, considera un CDN. Hazlo ahora. No después.

Y mientras lo haces, no olvides a nadie. La accesibilidad no es un extra para cumplir con normas — es una invitación abierta. Texto alternativo en imágenes, contraste que no canse los ojos, navegación por teclado, etiquetas claras… esto no solo ayuda a quienes lo necesitan; **mejora la experiencia de todos**. Un blog accesible es un blog humano.

Pero no adivines qué funciona. Mide. Prueba. Observa. Usa Google Analytics para ver dónde se van, dónde se quedan, qué les cuesta. Haz pruebas de usabilidad — pide a alguien que intente encontrar algo sin instrucciones. Lo que te parezca obvio, quizá no lo sea. Y eso está bien. Lo importante es ajustar, iterar, mejorar. El diseño no es un destino. Es un diálogo constante con tu audiencia.

No lo hagas frío. Ponle botones de compartir, formularios de contacto, una sección de comentarios que invites a usar. Haz que tu blog respire interacción. Que quien llegue sienta que puede hablar, preguntar, participar. Y facilita la vida; una barra de búsqueda, filtros por categorías, menús que no escondan lo esencial. Tu lector no está aquí para resolver acertijos. Está aquí para encontrar valor — y tú estás aquí para dárselo, sin obstáculos.

Y sí, el SEO también vive en el diseño. URLs que digan algo, encabezados que organicen y orienten, imágenes con etiquetas alt que cuenten su historia, enlaces internos que guíen como senderos bien marcados. Todo esto no solo ayuda a Google — ayuda a la gente. Y al final del día, eso es lo único que importa.

Tu blog no es un monumento. Es una experiencia. Haz que cada clic, cada scroll, cada segundo dentro de él, valga la pena. Porque cuando alguien se siente cómodo, vuelve. Y cuando vuelve, se convierte en comunidad.

¿Qué ajuste pequeño puedes hacer hoy para que tu blog sea un lugar donde la gente quiera quedarse?

Capítulo 5; SEO para blogs

El SEO (Search Engine Optimization) se refiere a las prácticas y técnicas utilizadas para mejorar la visibilidad y clasificación de un sitio web en los resultados de búsqueda orgánicos de los motores de búsqueda como Google, Bing y Yahoo. El objetivo principal del SEO es aumentar la cantidad y calidad del tráfico que llega al sitio web a través de las búsquedas realizadas por los usuarios.

El SEO es de vital importancia para los blogs, ya que la mayoría del tráfico orgánico proviene de los motores de búsqueda. Cuando se optimiza correctamente, un blog puede clasificar en las primeras posiciones de los resultados de búsqueda relevantes para su contenido, lo que aumenta significativamente las posibilidades de que los usuarios hagan clic en el enlace y visiten el blog.

Esto genera un tráfico orgánico constante y de calidad, lo que a su vez puede conducir a un aumento en la visibilidad, la autoridad y las oportunidades de monetización del blog.

Objetivos del SEO en el contexto de un blog;

En el contexto de un blog, los objetivos del SEO son diversos y se centran en mejorar la visibilidad, aumentar el tráfico y atraer a la audiencia correcta.

Algunos de los objetivos clave del SEO para blogs son;

1. **Aumentar la clasificación en los motores de búsqueda**; El objetivo principal es aparecer en las primeras posiciones de los resultados de búsqueda relevantes para el contenido del blog. Cuanto mayor sea la clasificación, mayor será la visibilidad y más probabilidades habrá de recibir clics.

2. **Generar tráfico orgánico**; El SEO busca aumentar el tráfico proveniente de los motores de búsqueda de forma orgánica, es decir, sin tener que pagar por publicidad. Esto permite atraer a un público más amplio y establecer una base de lectores sólida y comprometida.

3. **Mejorar la relevancia y calidad del contenido**; El SEO implica la optimización de palabras clave y la creación de contenido de alta calidad y relevante para el público objetivo del blog. Al ofrecer contenido valioso y útil, el blog se posiciona como una autoridad en su nicho y atrae a una audiencia más comprometida.

4. **Incrementar la autoridad del sitio**; El SEO también busca obtener enlaces entrantes (backlinks) de alta calidad, lo que contribuye a aumentar la autoridad del blog en los ojos de los motores de búsqueda. Cuanta mayor sea la autoridad, mayor será la probabilidad de clasificar en posiciones más altas en los resultados de búsqueda.

El SEO es fundamental para el éxito de un blog, ya que ayuda a aumentar la visibilidad, atraer tráfico orgánico de calidad y establecer la autoridad del blog en su nicho. Al implementar estrategias de SEO efectivas, se pueden lograr mejores resultados en términos de tráfico, engagement y monetización del blog.

Investigación de palabras clave;

La investigación de palabras clave es una parte fundamental del SEO, ya que ayuda a identificar las palabras y frases que los usuarios utilizan con mayor frecuencia al buscar información relacionada con tu nicho o contenido. La elección adecuada de palabras clave te permite optimizar tu contenido de manera efectiva para que sea relevante y se posicione mejor en los motores de búsqueda.

Al realizar una investigación exhaustiva de palabras clave, puedes descubrir cuáles son las consultas más populares y relevantes en tu industria, lo que te brinda una comprensión más profunda de lo que busca tu audiencia. Al utilizar estas palabras clave en tu contenido, puedes aumentar la visibilidad de tu blog y atraer tráfico de calidad, ya que estarás mostrando tu contenido a las personas que tienen un interés genuino en el tema que abordas.

Herramientas y técnicas para la investigación de palabras clave;

Existen diversas herramientas y técnicas disponibles para realizar una investigación efectiva de palabras clave;

1. **Herramientas de investigación de palabras clave;** Utiliza herramientas como Google Keyword Planner, Ahrefs, SEMrush, Moz Keyword Explorer, entre otras, para obtener ideas de palabras clave relevantes, así como datos sobre el volumen de búsqueda, la competencia y las tendencias.

2. **Análisis de la competencia;** Observa qué palabras clave están utilizando tus competidores exitosos en tu nicho. Esto puede proporcionarte información valiosa sobre las palabras clave que podrían ser relevantes para tu propio blog.

3. **Búsqueda de palabras clave long tail**; Además de las palabras clave generales, considera también las palabras clave long tail, que son frases más largas y específicas. Estas palabras clave suelen tener menos competencia y pueden atraer tráfico altamente relevante.

4. **Investigación de palabras clave relacionadas**; Utiliza herramientas de búsqueda como "búsquedas relacionadas" de Google para obtener ideas adicionales de palabras clave que están relacionadas con tu tema principal.

Identificación de palabras clave relevantes para tu nicho y contenido;

Cuando identifiques palabras clave relevantes, es importante considerar lo siguiente;

1. **Relevancia**; Elige palabras clave que sean directamente relevantes para tu nicho y contenido. Asegúrate de que las palabras clave seleccionadas estén relacionadas con los temas que abordas en tu blog.

2. **Volumen de búsqueda**; Considera el volumen de búsqueda de cada palabra clave para comprender su popularidad. Elige palabras clave con un volumen de búsqueda adecuado para atraer tráfico significativo a tu blog.

3. **Competencia**; Evalúa la competencia de cada palabra clave. Busca palabras clave que tengan una competencia moderada para tener la oportunidad de clasificar más fácilmente en los resultados de búsqueda.

4. **Intención del usuario**; Considera la intención detrás de cada palabra clave. ¿Está el usuario buscando información, realizando una comparación o buscando realizar una compra? Asegúrate de seleccionar palabras clave que se alineen con la intención del usuario y el propósito de tu contenido.

La investigación de palabras clave es esencial para el SEO de tu blog. Te permite descubrir las palabras y frases más relevantes y populares en tu nicho, optimizar tu contenido y atraer tráfico de calidad. Utiliza herramientas y técnicas adecuadas para identificar las palabras clave más adecuadas para tu blog y contenido específicos.

Optimización de contenido para palabras clave;

Una vez que hayas identificado las palabras clave relevantes, es importante utilizarlas estratégicamente en tu contenido.

Aquí hay algunas pautas a seguir;

1. **Títulos; Incorpora palabras clave en el título de tu artículo** o página. Esto ayudará a los motores de búsqueda a entender de qué trata tu contenido y a mostrarlo en los resultados relevantes.

2. **Encabezados**; Utiliza palabras clave en los encabezados (H1, H2, H3, etc.) de tu contenido. Esto no solo ayuda a los motores de búsqueda a comprender la estructura y el contexto de tu contenido, sino que también facilita la lectura para los usuarios.

3. **Contenido**; Integra de manera natural las palabras clave a lo largo del contenido. Evita el uso excesivo y forzado de palabras clave, ya que esto puede afectar negativamente la calidad y legibilidad del contenido. En su lugar, prioriza la creación de un contenido valioso y relevante para los lectores.

Escritura de meta etiquetas atractivas y relevantes;

Las meta etiquetas, como la etiqueta de título y la descripción meta, son elementos importantes para la optimización de tu contenido. Asegúrate de incluir palabras clave relevantes en estas etiquetas para que los motores de búsqueda las identifiquen. Además, es importante que estas meta etiquetas sean atractivas y persuasivas para los usuarios, ya que influyen en su decisión de hacer clic en tu enlace en los resultados de búsqueda.

La etiqueta de título debe ser concisa y describir claramente el contenido de la página, utilizando palabras clave relevantes. La descripción meta, por otro lado, debe resumir el contenido de manera atractiva y persuasiva, animando a los usuarios a hacer clic en tu enlace.

Optimización de imágenes y etiquetas alt para palabras clave;

Las imágenes también pueden ser optimizadas para mejorar el SEO de tu blog. Aquí hay algunas pautas para optimizar imágenes con palabras clave;

1. **Nombre de archivo**; Al guardar las imágenes, utiliza nombres de archivo descriptivos y relevantes que incluyan palabras clave. Esto ayuda a los motores de búsqueda a entender de qué se trata la imagen.

2. **Etiqueta alt**; Agrega etiquetas alt a tus imágenes y utiliza palabras clave relevantes en ellas. Las etiquetas alt proporcionan texto alternativo para las imágenes, lo que es útil para los motores de búsqueda y los usuarios con discapacidades visuales.

Recuerda que la optimización de contenido para palabras clave debe hacerse de forma natural y no comprometer la calidad del contenido. El objetivo principal debe ser proporcionar información valiosa y relevante para los usuarios, utilizando las palabras clave de manera estratégica para mejorar la visibilidad en los motores de búsqueda.

Optimización técnica del blog;

La estructura de URL y la navegación interna desempeñan un papel crucial en la optimización técnica de un blog.

Aquí hay algunas pautas para optimizar estos aspectos;

1. **Estructura de URL;** Utiliza URL descriptivas y amigables para los motores de búsqueda. Incluye palabras clave relevantes en la URL para indicar el contenido de la página. Evita el uso de caracteres especiales o números aleatorios en las URL, ya que esto puede dificultar la comprensión del contenido por parte de los motores de búsqueda y los usuarios.

2. **Navegación interna;** Crea una estructura de navegación clara y coherente en tu blog. Utiliza menús de navegación para organizar tus categorías y subcategorías de contenido.

Asegúrate de incluir enlaces internos relevantes dentro de tu contenido para mejorar la navegación entre páginas relacionadas. Esto ayuda a los motores de búsqueda a entender la relación entre tus páginas y a indexarlas correctamente.

Uso adecuado de etiquetas HTML y formatos de contenido;

El uso correcto de etiquetas HTML y formatos de contenido también es importante para la optimización técnica de tu blog.

Aquí tienes algunas pautas clave;

1. **Etiquetas de encabezado**; Utiliza adecuadamente las etiquetas de encabezado (H1, H2, H3, etc.) para estructurar tu contenido. Utiliza la etiqueta H1 para el título principal de la página y las etiquetas H2, H3, etc., para los sub encabezados. Esto ayuda a los motores de búsqueda a entender la jerarquía y el contexto del contenido.

2. **Etiquetas de párrafo y formato de texto**; Utiliza etiquetas de párrafo (p) para separar y organizar el texto. También puedes aplicar formatos como negrita (strong) y cursiva (em) para resaltar palabras clave o información importante. Esto ayuda a los motores de

búsqueda a identificar y comprender mejor el contenido relevante.

Velocidad de carga y optimización para dispositivos móviles;

La velocidad de carga y la optimización para dispositivos móviles son aspectos fundamentales de la optimización técnica.

Aquí hay algunas pautas para mejorar estos aspectos;

1. **Velocidad de carga**; Optimiza la velocidad de carga de tu blog mediante técnicas como la compresión de imágenes, el uso de CDN (Content Delivery Network) y la minificación de archivos CSS y JavaScript. Una carga rápida mejora la experiencia del usuario y puede tener un impacto positivo en el ranking de los motores de búsqueda.

2. **Optimización para dispositivos móviles**; Asegúrate de que tu blog esté optimizado para dispositivos móviles utilizando un diseño responsivo. Esto garantiza que tu contenido se vea correctamente en diferentes tamaños de pantalla y mejora la experiencia del usuario en dispositivos móviles. Además, asegúrate de que los elementos interactivos y los botones sean fáciles de usar en pantallas táctiles.

La optimización técnica del blog es fundamental para mejorar su visibilidad en los motores de búsqueda y brindar una mejor experiencia al usuario. Al implementar estas mejoras, estarás proporcionando un entorno técnico sólido que facilita la indexación y comprensión de tu contenido por parte de los motores de búsqueda, lo que puede resultar en una mayor visibilidad y tráfico orgánico hacia tu blog.

Creación de enlaces entrantes (backlinks);

A. Importancia de los enlaces entrantes para la autoridad del sitio; Los enlaces entrantes, también conocidos como backlinks, son enlaces que apuntan hacia tu blog desde otros sitios web. Estos enlaces son importantes para la autoridad de tu sitio y juegan un papel fundamental en el SEO.

Aquí tienes algunos puntos clave sobre la importancia de los enlaces entrantes;

1. **Autoridad y relevancia;** Los motores de búsqueda consideran los enlaces entrantes como votos de confianza y autoridad. Cuantos más enlaces de calidad tengas apuntando a tu blog, mayor será la percepción de autoridad que los motores de búsqueda tendrán sobre tu sitio.

2. **Mejora del ranking**; Los enlaces entrantes de calidad pueden mejorar el ranking de tu blog en los resultados de búsqueda. Los motores de búsqueda interpretan los enlaces como señales de relevancia y popularidad, lo que puede ayudar a posicionar tu contenido de manera más favorable.

Estrategias para generar enlaces de calidad;

Generar enlaces de calidad requiere implementar estrategias efectivas. **Aquí tienes algunas estrategias clave para obtener enlaces de calidad;**

1. **Creación de contenido relevante y valioso**; El contenido de alta calidad y relevante es uno de los mayores atractivos para obtener enlaces. Al crear contenido valioso, informativo y único, aumentas las posibilidades de que otros sitios web lo enlacen de forma natural.

2. **Outreach y relaciones con otros sitios**; Contacta a otros bloggers o propietarios de sitios web relacionados con tu nicho y ofrece colaboraciones, invitaciones a escribir como invitado o intercambio de enlaces. Estas colaboraciones pueden generar enlaces valiosos y fortalecer las relaciones con otros sitios.

3. **Participación en comunidades en línea**; Participa en foros, grupos de discusión y redes sociales relacionados con tu nicho.

Proporciona aportes valiosos y enlaza tu blog cuando sea apropiado. Esto puede generar visibilidad y atraer enlaces relevantes.

Colaboraciones y estrategias de relaciones públicas para obtener enlaces;

Las colaboraciones y las estrategias de relaciones públicas también pueden ser efectivas para obtener enlaces de calidad.

Aquí hay algunas estrategias que puedes implementar;

1. **Colaboraciones con otros bloggers o influencers**; Establece relaciones con bloggers o influencers de tu nicho y ofrece colaboraciones como entrevistas, publicaciones conjuntas o promoción cruzada. Estas colaboraciones pueden generar enlaces y ampliar la exposición de tu blog.

2. **Publicaciones en medios y prensa**; Enfócate en obtener cobertura en medios relevantes a través de comunicados de prensa, contribuciones de expertos o artículos invitados. Estas menciones en medios pueden generar enlaces valiosos y aumentar la visibilidad de tu blog.

3. **Participación en eventos y conferencias**; Asiste a eventos y conferencias relacionadas con tu industria y establece contactos con otros

profesionales. Estas conexiones pueden generar oportunidades de colaboración y enlaces.

Los enlaces entrantes son fundamentales para la autoridad y el éxito de tu blog. Al implementar estrategias efectivas de generación de enlaces, como la creación de contenido valioso y la colaboración con otros sitios y profesionales, podrás obtener enlaces de calidad que impulsen el SEO de tu blog y aumenten su visibilidad en línea.

Optimización local para blogs de alcance geográfico;

Si tu blog tiene un enfoque geográfico específico, es importante implementar estrategias de SEO local para atraer a una audiencia localizada.

Aquí tienes algunas estrategias clave;

1. **Investigación de palabras clave locales**; Realiza una investigación de palabras clave enfocada en términos y frases relacionados con tu ubicación geográfica. Esto te ayudará a comprender qué términos de búsqueda utilizan los usuarios locales y optimizar tu contenido en consecuencia.

2. **Optimización de contenido localizado**; Incorpora palabras clave locales en tus títulos,

encabezados, metadatos y contenido en general. Asegúrate de crear contenido relevante para tu audiencia local y abordar temas específicos de la comunidad.

Registro en directorios locales y optimización de reseñas;

Los directorios locales y las reseñas en línea son elementos clave para la optimización local de tu blog.

Aquí tienes algunos pasos que puedes seguir;

1. **Regístrate en directorios locales;** Investiga y regístrate en directorios locales relevantes para tu nicho y ubicación geográfica. Asegúrate de proporcionar información precisa y actualizada, como tu nombre, dirección, número de teléfono y sitio web.

2. **Solicita reseñas locales;** Activa la participación de tus lectores y clientes locales solicitando reseñas en sitios de reseñas relevantes, como Google My Business, Yelp y TripAdvisor. Las reseñas positivas pueden mejorar tu visibilidad y reputación local.

3. **Responde a las reseñas;** Sé proactivo al responder a las reseñas, tanto positivas como negativas. Agradece a los usuarios que dejan reseñas positivas y aborda las preocupaciones de aquellos que dejan reseñas negativas. Esto demuestra tu compromiso con la satisfacción

del cliente y ayuda a construir una reputación sólida.

Uso de etiquetas de marcado estructurado para información local;

El uso de etiquetas de marcado estructurado, como Schema.org, puede ayudar a los motores de búsqueda a comprender mejor la información local en tu blog.

Aquí tienes algunos puntos importantes;

1. **Marca la información local**; Utiliza las etiquetas de marcado estructurado para destacar información local relevante, como tu dirección, horarios de apertura, números de teléfono y reseñas. Esto ayuda a los motores de búsqueda a mostrar tu información de manera destacada en los resultados de búsqueda locales.

2. **Considera el marcado específico del tipo de negocio**; Si tu blog está relacionado con un tipo de negocio específico, investiga el marcado estructurado recomendado para ese tipo de negocio. Por ejemplo, si tienes un blog de restaurantes, puedes utilizar el marcado estructurado de Schema.org para resaltar información como el tipo de cocina, el menú y las opiniones de los clientes.

La optimización local para blogs de alcance geográfico implica implementar estrategias de SEO local, registrarse en directorios locales, obtener reseñas positivas y utilizar etiquetas de marcado estructurado para destacar información local. Al enfocarte en atraer a una audiencia localizada, podrás aumentar la visibilidad y la relevancia de tu blog en tu área geográfica objetivo.

Análisis y seguimiento del rendimiento SEO;

El análisis y seguimiento del rendimiento SEO es fundamental para evaluar el éxito de tus estrategias y realizar ajustes necesarios.

Aquí se describen algunas herramientas de análisis populares que puedes utilizar;

1. **Google Analytics**; Esta herramienta gratuita te proporciona datos detallados sobre el tráfico de tu blog, incluyendo el número de visitantes, su origen geográfico, las páginas más visitadas y el tiempo de permanencia en el sitio. Puedes utilizar Google Analytics para identificar patrones de comportamiento, evaluar el rendimiento de palabras clave específicas y realizar un seguimiento de tus objetivos de conversión.

2. **Google Search Console**; Esta herramienta te permite monitorear el rendimiento de tu blog en los resultados de búsqueda de Google.

Puedes verificar si tu sitio está indexado correctamente, identificar palabras clave por las que apareces en los resultados de búsqueda y recibir notificaciones sobre posibles problemas de indexación. También te proporciona información sobre los enlaces entrantes a tu sitio y las consultas de búsqueda que generan tráfico.

Interpretación de métricas clave y ajustes basados en datos;

Una vez que tienes acceso a los datos de tus herramientas de análisis, es importante comprender y analizar las métricas clave para tomar decisiones informadas.

Algunas métricas que debes tener en cuenta incluyen;

1. **Tráfico orgánico**; Evalúa el número de visitantes que llegan a tu blog a través de los resultados de búsqueda orgánica. Observa si ha habido cambios en el tráfico a lo largo del tiempo y compáralo con tus objetivos y tendencias pasadas.

2. **Palabras clave**; Analiza las palabras clave que generan tráfico a tu blog y su posición en los resultados de búsqueda. Identifica aquellas palabras clave que te brindan un alto rendimiento y aquellas en las que puedes

mejorar. Esto te ayudará a ajustar tu estrategia de contenido y optimización.

3. **Tasa de rebote y tiempo en el sitio**; Estas métricas te indican la calidad y relevancia de tu contenido. Una alta tasa de rebote puede indicar que los visitantes no encuentran lo que están buscando, mientras que un tiempo de permanencia prolongado sugiere que el contenido es relevante y atractivo.

Seguimiento de clasificaciones y competencia en motores de búsqueda;

Es importante realizar un seguimiento regular de las clasificaciones de tus palabras clave y monitorear a tus competidores en los motores de búsqueda.

Aquí hay algunas acciones que puedes realizar;

1. **Herramientas de seguimiento de clasificaciones**; Utiliza herramientas como SEMrush o Ahrefs para realizar un seguimiento de las posiciones de tus palabras clave en los resultados de búsqueda. Estas herramientas te proporcionarán información sobre el rendimiento de tus palabras clave, la competencia y las oportunidades de mejora.

2. **Análisis de la competencia**; Examina los sitios web de tus competidores directos para identificar las estrategias que están utilizando y las palabras clave en las que están enfocados.

Esto te brindará información valiosa sobre cómo puedes mejorar tu propio enfoque y diferenciarte en el mercado.

El análisis y seguimiento del rendimiento SEO implica el uso de herramientas de análisis, la interpretación de métricas clave y la toma de decisiones basadas en datos. A través de estas acciones, podrás evaluar la efectividad de tus estrategias de SEO, realizar ajustes necesarios y mantener un seguimiento de tus clasificaciones y la competencia en los motores de búsqueda.

Resumen del capítulo 5

Si tu blog fuera una tienda, el SEO sería tu cartel luminoso en la avenida más transitada. No importa cuán increíble sea lo que ofreces... si nadie puede encontrarte, no sirve de nada. **Este capítulo no te enseña trucos mágicos** — te da las llaves para construir visibilidad real, orgánica, sostenible. Porque el SEO no es un juego de algoritmos; es un puente entre lo que tú sabes y lo que alguien, en algún lugar, está buscando desesperadamente.

Empieza por escuchar. No adivines qué quiere tu audiencia — búscalo. Las palabras clave no son palabras, son preguntas, necesidades, urgencias. Usa herramientas, sí, pero, sobre todo, ponerte en los zapatos de quien busca. ¿Qué escribirían en Google si estuvieran donde tú estabas antes de aprender lo que ahora sabes? Esa es tu oportunidad. Y no solo apuntes a las palabras grandes — a veces, las frases largas, específicas, "de cola larga", son las que te traen a quienes realmente necesitan lo que tienes para dar.

Una vez que las tengas, no las fuerces. Intégralas con naturalidad; en tus títulos, en tus encabezados, en tus descripciones, incluso en el nombre de tus imágenes. Pero **jamás sacrifiques la claridad ni el valor** por encajar una palabra. Google premia a quienes ayudan a las personas, no a quienes juegan con sus reglas.

Y hablando de Google; tu blog debe hablar su **idioma técnico**, pero **sin perder el alma humana**. URLs que digan algo. Estructura clara con H1, H2, H3 que guíen como señales de carretera. Imágenes con etiquetas "alt" que cuenten su historia. Velocidad que no haga esperar. Diseño que funcione en cualquier pantalla. Esto no es para robots — es para que las personas no se vayan antes de empezar.

Los enlaces entrantes — esos que vienen de otros sitios — no son medallas. Son votos de confianza. Y no se compran; se ganan. Creando contenido tan bueno que otros quieran compartirlo. Colaborando, no compitiendo. Participando, no promocionando. Construye relaciones reales, y los enlaces llegarán como consecuencia, no como objetivo.

Si tu blog tiene raíces en un lugar físico — una ciudad, un barrio, una comunidad — no lo ignores. **El SEO local es tu superpoder.** Regístrate en directorios, pide reseñas, usa etiquetas que le digan a Google; "esto es para la gente de aquí". Porque a veces, el lector ideal no está en otro continente. Está a tres cuadras.

Y lo más importante; no trabajes a ciegas. Usa Google Analytics, Search Console, SEMrush — lo que tengas — para ver qué funciona, qué no, y por qué. Mira las palabras que te traen tráfico, el tiempo que la gente pasa en tu blog, dónde se van, qué les hace quedarse. Esos números no son fríos; son conversaciones. Escúchalas. Ajusta. Mejora. Itera.

SEO no es un sprint. Es un maratón con mapas que cambian. Pero si lo haces con paciencia, con enfoque en servir, y con la mente abierta para aprender de los datos, tu blog no solo será visible — será imposible de ignorar.

¿Qué palabra clave vas a conquistar esta semana? No la más popular. La más importante para quien te necesita.

Capítulo 6; Promoción y marketing del blog

El éxito de un blog no solo depende de la calidad del contenido, sino también de la capacidad de promocionarlo y comercializarlo de manera efectiva. La promoción y el marketing son elementos fundamentales para aumentar la visibilidad de tu blog, atraer tráfico y construir una audiencia comprometida. Cuando creas contenido de calidad quieres asegurarte de que llegue a la mayor cantidad posible de personas interesadas en tu nicho.

Aquí es donde entra en juego la promoción y el marketing. Estas actividades te permiten dar a conocer tu blog, atraer visitantes y generar un impacto en tu audiencia objetivo. Además, la promoción y el marketing te ayudan a destacar entre la competencia. Con tantos blogs y sitios web en línea, es crucial diferenciarte y llamar la atención de tu público objetivo.

Si no promocionas tu blog de manera efectiva corres el riesgo de que pase desapercibido y no alcances el éxito que deseas.

- **Objetivos de promoción y marketing del blog;**

El objetivo principal de la promoción y el marketing del blog es aumentar la visibilidad y el tráfico de tu sitio web.

Algunos objetivos específicos incluyen;

1. **Atraer nuevos visitantes**; Mediante estrategias de promoción y marketing, puedes llegar a nuevas audiencias y atraer a personas que aún no conocen tu blog. Esto te permitirá expandir tu base de seguidores y aumentar el alcance de tu contenido.

2. **Fomentar el compromiso**; La promoción y el marketing también te ayudan a generar interacción y compromiso con tu audiencia existente. Al mantener una presencia activa en las redes sociales, responder a comentarios y participar en comunidades en línea, podrás fortalecer las relaciones con tus seguidores y crear una comunidad sólida en torno a tu blog.

3. **Generar conversiones**; El marketing del blog no se trata solo de atraer visitantes, sino también de convertirlos en suscriptores, clientes o seguidores leales. Puedes establecer objetivos de conversión, como aumentar la cantidad de suscriptores a tu lista de correo electrónico, vender productos o servicios relacionados con tu nicho, o lograr que tus

seguidores compartan tu contenido en redes sociales.

4. **Construir autoridad y credibilidad**; A medida que promocionas y comercializas tu blog, puedes demostrar tu experiencia y conocimiento en tu nicho. Esto te ayudará a construir autoridad y credibilidad en tu campo, lo que a su vez atraerá a más seguidores y oportunidades de colaboración.

La promoción y el marketing del blog son fundamentales para aumentar la visibilidad, el tráfico y el éxito general de tu sitio web. Al establecer objetivos claros y utilizar estrategias efectivas, podrás llegar a tu audiencia, crear una comunidad comprometida y lograr tus metas a largo plazo.

Estrategias de promoción de contenido;

Las redes sociales son una herramienta poderosa para promocionar y difundir el contenido de tu blog. Puedes utilizar plataformas como Facebook, Twitter, Instagram, LinkedIn y YouTube para compartir enlaces a tus publicaciones, imágenes destacadas y fragmentos de contenido relevante.

Asegúrate de optimizar tus perfiles en redes sociales, utilizar hashtags relevantes y crear una estrategia de publicación regular para mantener la visibilidad de tu blog.

Además, interactúa con tu audiencia, responde a los comentarios y participa en conversaciones relacionadas con tu nicho para fomentar la participación y el compromiso.

Colaboración con influencers y bloggers para ampliar el alcance;

Una forma efectiva de promocionar tu blog es colaborar con influencers y otros bloggers influyentes en tu nicho. Estos colaboradores pueden tener una audiencia establecida y seguidores leales que pueden estar interesados en tu contenido.

Puedes organizar colaboraciones de intercambio de contenido, entrevistas, invitaciones a escribir publicaciones como invitado o participar en eventos en conjunto. Al trabajar con influencers y bloggers, ampliarás el alcance de tu blog y podrás llegar a nuevas audiencias que pueden convertirse en seguidores y lectores frecuentes.

Participación en comunidades en línea y foros relacionados con tu nicho;

Las comunidades en línea y los foros son lugares donde las personas comparten intereses comunes y discuten temas relevantes. Participar en estos espacios te brinda la oportunidad de establecer conexiones con personas interesadas en tu nicho y promocionar tu contenido de manera relevante.

Contribuye con información útil, responde preguntas, comparte enlaces a tus publicaciones cuando sean relevantes y establece tu presencia como un experto en el tema. Asegúrate de seguir las reglas de cada comunidad y evitar el spam. Al generar valor y participar activamente, podrás aumentar tu visibilidad y atraer tráfico a tu blog.

Implementación de estrategias de email marketing para llegar a tu audiencia;

El email marketing es una herramienta efectiva para mantener una conexión directa con tu audiencia y promocionar tu contenido de manera personalizada. Puedes ofrecer un formulario de suscripción en tu blog para que los visitantes se registren y recibas su consentimiento para enviarles correos electrónicos.

Asegúrate de enviar correos electrónicos periódicos con contenido relevante, actualizaciones del blog, promociones especiales y otros recursos exclusivos para tus suscriptores. Utiliza plataformas de email marketing para automatizar tus campañas y segmentar a tu audiencia según sus intereses y comportamientos.

El email marketing te permite mantener una relación constante con tu audiencia, generar tráfico recurrente y promocionar nuevas publicaciones y productos. Implementar estas estrategias de promoción de contenido te ayudará a difundir tu blog, aumentar la visibilidad y atraer tráfico de calidad.

Recuerda adaptar tus estrategias a tu nicho y a las preferencias de tu audiencia, y evalúa regularmente los resultados para realizar ajustes y mejoras.

Optimización de las redes sociales para la promoción del blog;

Es importante identificar las plataformas de redes sociales que son más relevantes para tu audiencia objetivo. No todas las redes sociales serán efectivas para promocionar tu blog, por lo que debes investigar y comprender dónde se encuentra tu audiencia y qué plataformas utilizan con mayor frecuencia.

Por ejemplo, si tu blog se centra en contenido visual, Instagram y Pinterest pueden ser plataformas ideales. Si tu contenido se basa en noticias y artículos de opinión, Twitter y LinkedIn podrían ser más adecuados. Al elegir las plataformas adecuadas, podrás dirigir tus esfuerzos de promoción de manera más efectiva y alcanzar a tu audiencia de manera más directa.

Creación de perfiles de redes sociales atractivos y coherentes con la identidad del blog;

Cuando crees perfiles en las redes sociales para promocionar tu blog, asegúrate de que sean atractivos y coherentes con la identidad y el diseño de tu blog. Utiliza el logotipo de tu blog como imagen de perfil y elige una foto de portada o encabezado que refleje el tema y estilo de tu contenido.

Completa todos los campos de información de perfil de manera concisa y clara, incluyendo una breve descripción de tu blog y un enlace a tu sitio web. Mantén una coherencia visual en todos tus perfiles de redes sociales para que los usuarios puedan reconocerte fácilmente.

Publicación regular y consistente de contenido relevante en las redes sociales;

La clave para promocionar tu blog en las redes sociales es publicar contenido regularmente y de manera consistente.

Crea un calendario de publicaciones que incluya la frecuencia y los horarios ideales para cada plataforma. Comparte enlaces a tus publicaciones de blog, imágenes destacadas y fragmentos de contenido relevante que llamen la atención de tu audiencia. Además, puedes compartir contenido generado por los usuarios, noticias relevantes de tu industria y recursos útiles relacionados con tu nicho.

Mantén un equilibrio entre la promoción de tu propio contenido y la curación de contenido interesante para mantener el interés y la participación de tus seguidores.

Uso de hashtags y etiquetas para aumentar la visibilidad de tus publicaciones;

Los hashtags y etiquetas desempeñan un papel importante en la promoción de tu blog en las redes sociales, ya que ayudan a aumentar la visibilidad de tus publicaciones. Investiga los hashtags populares y relevantes dentro de tu nicho y úsalos estratégicamente en tus publicaciones. Esto permitirá que tus publicaciones sean descubiertas por usuarios que están interesados en esos temas y aumentará la visibilidad de tu contenido.

Además, utiliza etiquetas relacionadas con la plataforma específica, como las etiquetas de ubicación en Instagram, para llegar a audiencias locales o específicas. Recuerda no abusar de los hashtags y utilizar solo aquellos que son relevantes para evitar parecer spam. Al optimizar tus perfiles de redes sociales, publicar contenido regularmente y utilizar hashtags y etiquetas relevantes, podrás promocionar tu blog de manera efectiva en las redes sociales.

Mantén un enfoque constante y analiza las métricas de rendimiento para ajustar tu estrategia según los resultados.

Técnicas de SEO para la promoción del blog;

Para promocionar tu blog de manera efectiva, es importante utilizar palabras clave estratégicamente en tus publicaciones y perfiles de redes sociales. Realiza una investigación de palabras clave relevante para tu nicho y utiliza esas palabras clave en tus publicaciones de blog, descripciones de redes sociales, títulos y metadatos.

Esto ayudará a que tu contenido sea más visible para los motores de búsqueda y para los usuarios que buscan información relacionada con esas palabras clave. Sin embargo, es fundamental utilizar las palabras clave de manera natural y evitar el relleno de palabras clave, ya que esto puede ser contraproducente y afectar la calidad de tu contenido.

Generación de enlaces entrantes a través de contenido de calidad y colaboraciones;

Los enlaces entrantes, también conocidos como backlinks, son importantes para mejorar la autoridad de tu blog y aumentar su visibilidad en los motores de búsqueda. Una forma efectiva de generar enlaces es crear contenido de calidad que sea valioso y relevante para tu audiencia.

Cuando tu contenido es útil y atractivo, es más probable que otros sitios web y bloggers lo enlacen como referencia. Además, puedes colaborar con otros bloggers y expertos de tu industria para crear contenido conjunto o solicitar menciones y enlaces en sus sitios web. Estas colaboraciones pueden ayudar a aumentar la visibilidad de tu blog y generar enlaces valiosos.

Implementación de estrategias de construcción de enlaces para mejorar la autoridad del blog;

La construcción de enlaces es una estrategia clave en SEO para promocionar tu blog. Puedes implementar diferentes técnicas de construcción de enlaces, como buscar oportunidades de publicación de invitados en sitios web relevantes, participar en directorios de blogs y sitios de noticias, y participar activamente en comunidades en línea y foros relacionados con tu nicho.

Al obtener enlaces de sitios web confiables y relevantes, estás aumentando la autoridad y la visibilidad de tu blog. Es importante recordar que la construcción de enlaces debe hacerse de manera ética y natural, evitando prácticas como la compra de enlaces o la participación en granjas de enlaces, que pueden ser penalizadas por los motores de búsqueda.

Al utilizar técnicas de SEO como el uso estratégico de palabras clave, la generación de enlaces entrantes a través de contenido de calidad y colaboraciones, y la implementación de estrategias de construcción de enlaces, podrás promocionar tu blog de manera efectiva y aumentar su visibilidad en los motores de búsqueda. Recuerda que el SEO es un proceso continuo y que requiere tiempo y esfuerzo, pero puede tener un impacto significativo en el éxito de tu blog.

Colaboraciones y asociaciones estratégicas;

Una forma efectiva de promocionar tu blog es estableciendo relaciones con otros bloggers y profesionales que se encuentren en tu mismo nicho o industria. Puedes conectarte con ellos a través de las redes sociales, participando en sus publicaciones y dejando comentarios relevantes en sus blogs.

También puedes enviarles un correo electrónico personalizado, expresando tu admiración por su trabajo y proponiendo colaboraciones mutuamente beneficiosas. Estas colaboraciones pueden incluir la creación de contenido conjunto, menciones en sus publicaciones o intercambio de enlaces.

Al establecer relaciones sólidas con otros bloggers y profesionales de tu nicho, podrás ampliar tu alcance y llegar a nuevas audiencias interesadas en tu contenido.

Coorganización de webinars, entrevistas o eventos en línea;

Otra estrategia de promoción efectiva es coorganizar webinars, entrevistas o eventos en línea con otros bloggers o profesionales influyentes en tu industria. Estas actividades brindan una oportunidad para compartir conocimientos, experiencias y consejos con tu audiencia y la de tu colaborador.

Además, estas colaboraciones permiten atraer a una audiencia más amplia y generar interés en tu blog. Puedes promocionar estos eventos en tus redes sociales, enviar invitaciones por correo electrónico a tu lista de suscriptores y aprovechar el alcance de tu colaborador para llegar a más personas.

Al coorganizar este tipo de eventos, puedes establecer tu autoridad y credibilidad en tu nicho, además de generar un mayor tráfico y participación en tu blog.

Participación en programas de afiliados y promoción de productos relevantes;

Los programas de afiliados son una forma efectiva de generar ingresos y promocionar productos relevantes en tu blog. Puedes asociarte con empresas y marcas cuyos productos o servicios estén alineados con tu nicho y promocionarlos a través de contenido patrocinado o enlaces de afiliados.

Al convertirte en afiliado, recibirás una comisión por cada venta o acción realizada a través de tus enlaces de afiliado. Es importante ser selectivo al elegir los productos o servicios que promocionas y asegurarte de que sean relevantes y de calidad para tu audiencia.

Además, debes ser transparente y honesto al divulgar tu participación en programas de afiliados, para mantener la confianza de tus lectores. La promoción de productos relevantes a través de programas de afiliados puede generar ingresos adicionales para tu blog y fortalecer tu relación con tu audiencia.

Al colaborar con otros bloggers y profesionales de tu nicho, coorganizar eventos en línea y participar en programas de afiliados, puedes ampliar tu alcance, establecer tu autoridad en tu industria y generar ingresos adicionales a través de tu blog.

Estas estrategias de colaboración y asociación pueden ser beneficiosas tanto para tu blog como para las marcas y profesionales con los que te asocias, creando una relación mutuamente beneficiosa.

Monetización del blog;

Cuando se trata de monetizar tu blog, existen varias opciones disponibles. Puedes optar por incluir publicidad en tu sitio web, ya sea a través de programas de anuncios como Google AdSense o mediante acuerdos directos con anunciantes relevantes a tu nicho.

Otra opción es el marketing de afiliados, donde promocionas productos o servicios de terceros a través de enlaces de afiliados y recibes una comisión por cada venta realizada a través de esos enlaces. También puedes considerar la creación y venta de productos digitales, como libros electrónicos, cursos en línea o membresías exclusivas, donde puedes compartir tu experiencia y conocimientos con tu audiencia.

Creación de estrategias efectivas para generar ingresos;

Para generar ingresos de manera efectiva a través de tu blog, es importante desarrollar estrategias sólidas. Esto incluye comprender a tu audiencia y ofrecer contenido y productos relevantes para sus necesidades e intereses.

Además, debes promocionar tus opciones de monetización de manera estratégica, utilizando llamadas a la acción y destacando los beneficios que brindan. También puedes considerar la segmentación de tu audiencia y personalizar tus ofertas para diferentes grupos de usuarios. La diversificación de tus fuentes de ingresos también puede ser útil, ya que no dependerás únicamente de una única fuente para generar ganancias.

Consideración de la ética y transparencia en la monetización del blog;

A medida que monetizas tu blog, es importante tener en cuenta la ética y la transparencia. Debes asegurarte de que cualquier contenido patrocinado o promoción de productos sea claramente identificado como tal, para que tus lectores estén al tanto de cualquier relación financiera que puedas tener con las marcas mencionadas.

Además, debes ser honesto y auténtico al recomendar productos o servicios, asegurándote de que realmente crees en su calidad y utilidad. Mantener la confianza de tu audiencia es fundamental para el éxito a largo plazo de tu blog, por lo que debes ser transparente en tus prácticas de monetización.

La monetización del blog puede ser una forma efectiva de generar ingresos a través de tu pasión por la escritura y el contenido. Al explorar diferentes opciones de monetización, crear estrategias efectivas y mantener la ética y la transparencia en tus prácticas, puedes transformar tu blog en una fuente de ingresos sostenible.

Recuerda siempre mantener el equilibrio entre la monetización y la satisfacción de tus lectores, brindándoles contenido valioso y relevante mientras buscas oportunidades para generar ganancias.

Análisis y seguimiento de resultados de promoción y marketing;

Es fundamental utilizar herramientas de análisis para evaluar el rendimiento de tus estrategias de promoción y marketing. Estas herramientas te proporcionarán datos precisos sobre el tráfico de tu blog, el comportamiento de los usuarios, el engagement y las conversiones.

Algunas herramientas populares incluyen Google Analytics, que te brinda información detallada sobre el tráfico de tu sitio web, y las propias herramientas de análisis de las redes sociales, que te permiten medir el alcance y la interacción de tus publicaciones.

Interpretación de métricas clave;

Una vez que tengas acceso a los datos a través de las herramientas de análisis, es importante interpretar las métricas clave para comprender cómo están funcionando tus estrategias de promoción y marketing.

Algunas métricas a tener en cuenta incluyen el tráfico total del sitio, la tasa de rebote, el tiempo promedio de permanencia en el sitio, el número de seguidores y el engagement en las redes sociales, así como las conversiones, como la cantidad de suscriptores o ventas generadas. Estas métricas te brindarán información sobre la efectividad de tus acciones y te ayudarán a identificar áreas de mejora.

Ajustes y mejoras basados en los resultados obtenidos;

Una vez que hayas interpretado las métricas clave, podrás realizar ajustes y mejoras en tus estrategias de promoción y marketing. Si encuentras que ciertas plataformas de redes sociales generan más engagement que otras, puedes enfocar tus esfuerzos en esas plataformas específicas.

Si descubres que ciertos tipos de contenido obtienen una mayor tasa de conversión, puedes crear más contenido similar. Además, puedes experimentar con diferentes enfoques y tácticas para ver qué funciona mejor para tu audiencia.

El análisis y seguimiento continuo te permitirán optimizar tus estrategias y obtener mejores resultados a medida que avanzas. El análisis y seguimiento de los resultados de tus estrategias de promoción y marketing son esenciales para maximizar la efectividad y el rendimiento de tus esfuerzos.

Al utilizar herramientas de análisis, interpretar las métricas clave y realizar ajustes y mejoras basados en los resultados obtenidos, podrás optimizar tus acciones y alcanzar mejores resultados en términos de tráfico, engagement y conversiones. Recuerda que el análisis debe ser una práctica continua y estar dispuesto a adaptarte y mejorar según los datos obtenidos.

Resumen del capítulo 6

Tu blog puede ser la joya más brillante del internet... pero si nadie sabe que existe, no cambia nada. Este capítulo te recuerda algo poderoso; **crear contenido es solo la mitad del viaje**. La otra mitad — la que muchos olvidan — es salir al mundo y decir; "Esto es para ti. Te va a servir. No estás solo".

No se trata de gritar más fuerte que los demás. Se trata de hablar en el lugar correcto, con la persona correcta, en el momento en que realmente lo necesita. Las redes sociales no son un altavoz; son una plaza pública donde puedes conversar, escuchar, compartir y construir comunidad. **Usa cada plataforma como si fuera un café diferente**; en Instagram muestras lo visual, en LinkedIn lo profesional, en Twitter lo urgente. No publiques por publicar — publica para conectar.

Y no lo hagas solo. **Busca aliados**. Colabora con quienes ya tienen la atención de tu audiencia ideal. No como competencia, sino como compañeros de ruta. Una entrevista, un webinar, un artículo invitado — eso no es autopromoción, es expansión mutua. Cuando ayudas a otros a brillar, ellos te ayudan a ser visto. Y eso, en el mundo digital, es oro puro.

No subestimes el poder de las comunidades. Foros, grupos de Facebook, Reddit, Discord — ahí hay gente buscando respuestas. No vayas a vender. Ve a servir. Responde con generosidad, comparte tu contenido cuando sea realmente útil, y deja que la confianza hable por ti. El marketing más poderoso no tiene logo; tiene valor.

Y por supuesto, **tu lista de correo**. No es un archivo. Es tu círculo más cercano. Cada suscriptor es alguien que dijo; "Quiero más de ti". Cuídalos. Aliméntalos con contenido exclusivo, con anticipos, con preguntas personales. El email no está muerto — está en su mejor momento, porque es el único lugar donde tú controlas la conversación.

SEO también es promoción. No solo para Google, sino para personas que buscan lo que tú ya resolviste. Usa palabras clave con naturalidad, sí, pero, sobre todo, crea contenido tan bueno que otros quieran enlazarlo. Cada backlink es un apretón de manos digital; "esto vale la pena".

Y cuando llegue el momento de monetizar — porque llegará — hazlo con integridad. **No promuevas lo que no usarías.** Sé transparente. Tus lectores no son "leads". Son personas que confían en ti. Esa confianza es tu activo más valioso. Cuídala más que tus métricas.

Hablando de métricas; míralas, sí, pero no te obsesiones. ¿Qué te dice el tráfico? ¿Dónde se quedan? ¿Qué comparten? Usa esos datos no para manipular, sino para entender. Ajusta. Prueba. Mejora. El marketing no es una fórmula — es un diálogo en constante evolución.

Promocionar tu blog no es vanidad. Es responsabilidad. Porque si lo que sabes puede ayudar… merece ser encontrado.

¿A quién vas a servir hoy con lo que ya creaste? No esperes a que vengan. Ve por ellos.

Capítulo 7; Analítica y seguimiento del rendimiento

La analítica desempeña un papel fundamental en el éxito de un blog. Proporciona información valiosa sobre el rendimiento del sitio web y el comportamiento de los usuarios, lo que te permite tomar decisiones informadas para optimizar y mejorar tu estrategia de contenido. La analítica te ayuda a comprender cómo los visitantes encuentran y utilizan tu blog. Te muestra qué páginas son más populares, cuánto tiempo pasan los usuarios en tu sitio, qué contenido genera más interés y qué fuentes de tráfico son más efectivas.

Esta información te permite identificar áreas de oportunidad, ajustar tu estrategia de contenido y promoción, y mejorar la experiencia del usuario.

Objetivos del análisis y seguimiento del rendimiento;

1. **Medir el tráfico y las fuentes de tráfico;** El análisis te permite conocer el número de visitantes que llegan a tu blog y las diferentes fuentes de tráfico, como motores de búsqueda,

redes sociales, enlaces externos, entre otros. Esto te ayuda a evaluar la efectividad de tus estrategias de promoción y a identificar oportunidades para aumentar el tráfico.

2. **Evaluar el comportamiento del usuario**; La analítica te muestra cómo los usuarios interactúan con tu blog. Puedes conocer las páginas que visitan, el tiempo que pasan en cada página, la tasa de rebote y las conversiones. Esta información te ayuda a comprender qué contenido es más atractivo para tu audiencia y a identificar áreas de mejora en términos de diseño, navegación y estructura del sitio.

3. **Realizar un seguimiento de las conversiones**; Si tu blog tiene objetivos específicos, como suscripciones, descargas de contenido, ventas de productos o generación de clientes potenciales, el análisis te permite medir el rendimiento y el éxito de estas conversiones. Puedes rastrear el embudo de conversión, identificar los puntos de abandono y realizar ajustes para mejorar la tasa de conversión.

4. **Identificar áreas de mejora**; Mediante el análisis de los datos, puedes identificar áreas en las que tu blog puede mejorar. Puedes descubrir páginas con altas tasas de rebote, palabras clave con bajo rendimiento, problemas de rendimiento del sitio o

dificultades en la experiencia del usuario. Con esta información, puedes tomar medidas correctivas y optimizar tu estrategia para maximizar los resultados.

La analítica y el seguimiento del rendimiento son esenciales para comprender el comportamiento de los usuarios, evaluar el éxito de tu estrategia de contenido y promoción, identificar oportunidades de mejora y tomar decisiones basadas en datos para impulsar el crecimiento de tu blog.

Herramientas de analítica para el seguimiento del rendimiento

Google Analytics es una de las herramientas de analítica más populares y ampliamente utilizadas. Ofrece una amplia gama de características que te permiten obtener información detallada sobre el rendimiento de tu blog.

Algunas de las características principales de Google Analytics son;

1. **Informes de audiencia**; Te proporciona datos demográficos, ubicación geográfica, intereses y comportamiento de tus visitantes. Puedes conocer el número de visitantes, las páginas vistas, la duración promedio de la sesión y la tasa de rebote.

2. **Informes de adquisición**; Te muestra cómo los usuarios llegan a tu blog, ya sea a través de motores de búsqueda, redes sociales, enlaces externos u otras fuentes. Puedes evaluar la efectividad de tus estrategias de promoción y marketing.

3. **Informes de comportamiento**; Te muestra cómo los usuarios interactúan con tu contenido. Puedes identificar las páginas más populares, el tiempo que los usuarios pasan en cada página y los embudos de conversión.

4. **Informes de conversiones**; Te permite rastrear los objetivos y las conversiones en tu blog. Puedes medir el rendimiento de tus conversiones, como suscripciones, descargas de contenido, ventas u otros eventos personalizados.

Otras herramientas de analítica recomendadas;

Además de Google Analytics, existen otras herramientas de analítica que también son populares y pueden complementar tu análisis de rendimiento.

Algunas de estas herramientas son;

1. **Adobe Analytics**; Ofrece características similares a Google Analytics y se enfoca en proporcionar datos detallados sobre la experiencia del usuario y el rendimiento del sitio web.

2. **Piwik/Matomo**; Es una herramienta de analítica de código abierto que te permite tener un mayor control sobre tus datos y la privacidad. Puedes instalarlo en tu propio servidor y personalizarlo según tus necesidades.

3. **SEMrush**; Aunque se conoce principalmente como una herramienta de SEO, SEMrush también ofrece características de analítica que te permiten evaluar el rendimiento de tu blog y compararlo con el de tus competidores.

4. **Kissmetrics**; Se centra en el análisis del comportamiento de los usuarios y ofrece informes detallados sobre cómo los visitantes interactúan con tu blog a lo largo del tiempo.

La elección de la herramienta de analítica depende de tus necesidades, preferencias y presupuesto. Es recomendable utilizar una combinación de herramientas para obtener una visión más completa del rendimiento de tu blog. Recuerda que la clave está en utilizar la herramienta de manera eficaz, interpretar los datos de manera adecuada y utilizarlos para tomar decisiones informadas y mejorar tu estrategia.

Configuración e implementación de Google Analytics

Creación de una cuenta de Google Analytics;

1. Visita el sitio web de Google Analytics (https;//analytics.google.com) y haz clic en "Empezar de forma gratuita" o "Comenzar".

2. Inicia sesión con tu cuenta de Google existente o crea una cuenta nueva.

3. Completa los detalles de tu cuenta, como el nombre de la cuenta, el nombre del sitio web y la URL.

4. Acepta los términos y condiciones y haz clic en "Crear".

Instalación del código de seguimiento en el blog;

1. Una vez creada la cuenta, accede al panel de administración de Google Analytics.

2. Haz clic en "Administrar" en la parte inferior izquierda.

3. En la columna "Propiedad", selecciona la propiedad correspondiente a tu blog.

4. En la columna "Información de seguimiento", haz clic en "Información de seguimiento de la propiedad" y selecciona "Código de seguimiento".

5. Copia el código de seguimiento proporcionado.

La forma de instalar el código de seguimiento en tu blog puede variar dependiendo de la plataforma que estés utilizando.

Aquí hay algunas pautas generales;

- **Plataforma de blogging con alojamiento propio**; Abre el archivo HTML de tu plantilla o tema y busca la etiqueta </head>. Pega el código de seguimiento justo antes de esa etiqueta. Guarda los cambios y actualiza tu blog.

- **Plataforma de blogging basada en WordPress**; Si estás utilizando WordPress, puedes instalar un complemento de Google Analytics para facilitar la integración. Busca el complemento "Google Analytics" en la biblioteca de complementos de WordPress, instálalo y sigue las instrucciones para configurarlo con tu código de seguimiento.

Configuración de metas y conversiones;

1. En el panel de administración de Google Analytics, haz clic en "Ver" en la columna "Ver" correspondiente a tu blog.

2. En la columna "Objetivos", haz clic en "Configurar objetivos".

3. Haz clic en "Nuevo objetivo" para crear un nuevo objetivo de conversión.

4. Selecciona el tipo de objetivo que deseas establecer, como destino, duración, páginas o evento.

5. Completa los detalles del objetivo, como la URL de destino o los eventos específicos que deseas rastrear.

6. Guarda el objetivo y repite este proceso para configurar otros objetivos si es necesario.

Configurar metas y conversiones te permitirá realizar un seguimiento de las acciones importantes que los usuarios realizan en tu blog, como suscribirse, completar formularios o realizar compras. Esto te brindará información valiosa sobre el rendimiento de tu blog y te ayudará a tomar decisiones basadas en datos para mejorar tu estrategia de marketing y promoción.

Recuerda que la implementación de Google Analytics y la configuración de metas y conversiones son pasos cruciales para medir y analizar el rendimiento de tu blog. Asegúrate de seguir las instrucciones correctamente y realizar un seguimiento continuo para obtener información valiosa sobre tus visitantes y el impacto de tus esfuerzos de marketing.

Métricas clave para el seguimiento del rendimiento

1. **Tráfico total**; Esta métrica te muestra la cantidad total de visitantes que llegan a tu blog en un período de tiempo determinado. Te ayuda a comprender la popularidad y el alcance de tu blog.

2. **Fuentes de tráfico**; Esta métrica te indica de dónde proviene el tráfico de tu blog, ya sea a través de búsqueda orgánica, redes sociales, referencias de otros sitios web, correos electrónicos u otras fuentes. Te ayuda a identificar qué canales son más efectivos para atraer visitantes.

Comportamiento del usuario en el blog;

1. **Páginas vistas**; Esta métrica muestra el número total de páginas vistas en tu blog. Te da una idea de qué contenido es más popular y atractivo para tus visitantes.

2. **Tiempo en el sitio**; Esta métrica te indica cuánto tiempo pasa un usuario promedio en tu blog. Un mayor tiempo en el sitio puede indicar un mayor nivel de compromiso y satisfacción con tu contenido.

3. **Tasa de rebote**; Esta métrica muestra el porcentaje de visitantes que abandonan tu blog

después de ver solo una página. Una alta tasa de rebote puede indicar que los usuarios no encuentran el contenido relevante o atractivo.

Conversiones y objetivos alcanzados;

1. **Conversiones**; Estas métricas rastrean las acciones deseadas que los visitantes realizan en tu blog, como completar un formulario de suscripción, realizar una compra o descargar un recurso. Te ayudan a medir el éxito de tus objetivos de marketing y te permiten optimizar tu estrategia.

2. **Tasa de conversión**; Esta métrica calcula el porcentaje de visitantes que realiza una conversión en relación con el total de visitantes. Te ayuda a evaluar la eficacia de tus llamadas a la acción y páginas de destino.

Al monitorear estas métricas clave, puedes obtener información valiosa sobre el rendimiento y la efectividad de tu blog. Te permiten identificar áreas de mejora, comprender qué aspectos de tu contenido y estrategia de marketing están funcionando bien y tomar decisiones informadas para optimizar tu blog y alcanzar tus objetivos.

Recuerda que cada métrica debe ser analizada en el contexto de tus objetivos y estrategias específicas para obtener una visión completa y precisa del rendimiento de tu blog.

Interpretación y análisis de datos

Al analizar los datos recopilados a través de herramientas de analítica, es importante identificar tendencias y patrones en el rendimiento de tu blog. Puedes examinar los datos a lo largo del tiempo para ver si hay fluctuaciones estacionales, picos o valles en el tráfico o en las conversiones. Esto te permite comprender mejor cómo los cambios estacionales, eventos o promociones pueden haber afectado el rendimiento de tu blog.

También puedes identificar patrones de comportamiento del usuario, como qué días de la semana o qué horas del día tienen más visitas o interacciones. Estos análisis te ayudarán a planificar y ajustar tus estrategias de marketing y contenido.

Identificación de áreas de mejora;

El análisis de datos te permite identificar áreas de tu blog que requieren mejoras. Puedes detectar páginas con altas tasas de rebote y bajo tiempo en el sitio, lo que puede indicar que el contenido no es relevante o atractivo para los visitantes.

También puedes identificar páginas con bajo rendimiento en términos de conversiones, lo que puede indicar problemas en el diseño, llamadas a la acción poco efectivas o dificultades en el proceso de compra.

Al identificar estas áreas de mejora, puedes tomar medidas para optimizar tu blog, como mejorar la calidad y relevancia del contenido, realizar pruebas A/B en tus páginas de destino o simplificar el proceso de conversión.

Uso de segmentación para obtener información más precisa;

La segmentación de datos te permite obtener información más precisa y detallada sobre diferentes grupos de usuarios en tu blog. Puedes segmentar tus datos por características demográficas, como ubicación geográfica, edad o género, para entender mejor a quién estás llegando y adaptar tu estrategia de marketing en consecuencia.

Además, puedes segmentar por comportamiento del usuario, como visitantes recurrentes versus nuevos visitantes, visitantes que llegan a través de diferentes fuentes de tráfico o visitantes que han realizado conversiones previas.

Esto te proporciona información valiosa sobre qué grupos de usuarios son más propensos a interactuar y convertir en tu blog, permitiéndote personalizar tu contenido y estrategias de marketing para satisfacer sus necesidades específicas.

La interpretación y análisis de datos te permiten comprender las tendencias y patrones en el rendimiento de tu blog, identificar áreas de mejora y utilizar la segmentación para obtener información más precisa. Al aprovechar esta información, puedes tomar decisiones informadas y estratégicas para optimizar tu blog, mejorar la experiencia del usuario y alcanzar tus objetivos de marketing.

Ajustes y mejoras basados en los resultados del análisis

Al analizar las métricas clave, como el tiempo en el sitio, la tasa de rebote y las conversiones, es posible identificar áreas en las que el contenido del blog puede mejorarse. Por ejemplo, si una página tiene una alta tasa de rebote, puede indicar que el contenido no es relevante o atractivo para los visitantes.

En este caso, puedes realizar ajustes en el contenido, como agregar información adicional, mejorar el formato o incluir elementos multimedia para hacerlo más atractivo. Asimismo, si una página tiene un bajo tiempo en el sitio, puedes considerar agregar enlaces internos relevantes para fomentar la exploración del contenido relacionado. Al optimizar el contenido en función de las métricas clave, puedes mejorar la experiencia del usuario y aumentar la probabilidad de conversiones.

Mejora de la experiencia de usuario en el blog;

El análisis de datos también puede revelar áreas en las que la experiencia de usuario en tu blog puede mejorarse. Por ejemplo, si notas que la tasa de rebote es alta en dispositivos móviles, puede ser necesario optimizar el diseño y la navegación para dispositivos móviles.

Esto implica asegurarse de que el blog sea responsive, que se cargue rápidamente en dispositivos móviles y que la navegación sea fácil y fluida. Además, si los datos indican que los visitantes tienen dificultades para encontrar información o completar acciones, puedes realizar mejoras en la estructura de navegación, agregar llamadas a la acción claras o simplificar los formularios de contacto. Al mejorar la experiencia de usuario, aumentas la probabilidad de retención de visitantes y conversiones.

Ajustes en las estrategias de promoción y marketing;

El análisis de datos también te brinda información valiosa sobre el rendimiento de tus estrategias de promoción y marketing. Puedes identificar qué fuentes de tráfico generan más visitas y conversiones, lo que te permite enfocar tus esfuerzos en las estrategias más efectivas.

Por ejemplo, si descubres que las redes sociales son una fuente de tráfico significativa, puedes invertir más tiempo y recursos en la promoción en redes sociales. Además, si encuentras que ciertas campañas o tácticas de marketing no están generando los resultados deseados, puedes ajustarlas o probar nuevas estrategias.

El análisis te ayuda a tomar decisiones informadas y basadas en datos para mejorar la eficacia de tus esfuerzos de promoción y marketing. Los ajustes y mejoras basados en los resultados del análisis te permiten optimizar el contenido, mejorar la experiencia de usuario y ajustar tus estrategias de promoción y marketing. Al aprovechar los datos recopilados, puedes tomar decisiones informadas y realizar ajustes que conduzcan a un mejor rendimiento y éxito de tu blog.

Informes y presentación de datos

Google Analytics ofrece la posibilidad de crear informes personalizados para analizar los datos específicos que son relevantes para tu blog. Puedes seleccionar las métricas y dimensiones que deseas incluir en el informe, lo que te permite obtener información más precisa y relevante para tu análisis. Para crear un informe personalizado, debes acceder a la sección "Personalización" en Google Analytics y seleccionar la opción "Informes personalizados".

A partir de ahí, puedes definir las métricas, dimensiones, segmentos y filtros que deseas utilizar en el informe. Al crear informes personalizados, puedes enfocarte en las métricas clave que te ayudarán a evaluar el rendimiento y el éxito de tu blog.

Uso de visualizaciones y gráficos para presentar datos de manera efectiva;

Una parte importante de la presentación de datos es la capacidad de visualizar la información de manera clara y comprensible. Los gráficos y visualizaciones ayudan a simplificar datos complejos y facilitan su interpretación.

En Google Analytics, puedes utilizar diferentes tipos de visualizaciones, como gráficos de líneas, barras y tortas, para representar las métricas y dimensiones que deseas presentar. Por ejemplo, puedes utilizar un gráfico de líneas para mostrar la tendencia del tráfico a lo largo del tiempo, o un gráfico de barras para comparar el rendimiento de diferentes fuentes de tráfico.

Además, puedes utilizar tablas y resúmenes numéricos para presentar datos específicos de manera más detallada. Al utilizar visualizaciones y gráficos efectivos, puedes comunicar los resultados de tu análisis de manera más impactante y comprensible.

Al crear informes personalizados y utilizar visualizaciones efectivas, puedes presentar los datos de manera clara y coherente, lo que facilita su interpretación y comprensión. Esto te permite comunicar los resultados de tu análisis de manera efectiva a otras personas, como socios comerciales, clientes o miembros de tu equipo. Además, estos informes y presentaciones también te ayudan a dar seguimiento a tus objetivos y tomar decisiones basadas en datos para mejorar continuamente el rendimiento de tu blog.

Seguimiento del rendimiento a largo plazo

Para realizar un seguimiento efectivo del rendimiento a largo plazo de tu blog, es importante establecer metas y objetivos claros. Estas metas deben ser específicas, medibles, alcanzables, relevantes y con un plazo de tiempo definido.

Por ejemplo, puedes establecer metas relacionadas con el aumento del tráfico, la mejora del tiempo de permanencia en el sitio, el incremento de las conversiones o el crecimiento de tus ingresos. Estas metas te proporcionarán una dirección clara y te permitirán evaluar el progreso de tu blog a lo largo del tiempo.

Monitoreo regular y comparación de datos históricos;

Para evaluar el rendimiento a largo plazo de tu blog, es fundamental realizar un monitoreo regular de los datos y compararlos con períodos anteriores. Utiliza las herramientas de análisis, como Google Analytics, para obtener información sobre el tráfico, el comportamiento de los usuarios, las conversiones y otras métricas clave.

Observa las tendencias y los patrones que se han desarrollado a lo largo del tiempo y compáralos con los datos históricos. Esto te permitirá identificar cambios significativos, áreas de mejora y oportunidades de crecimiento.

Adaptación de estrategias en función de los cambios y tendencias del mercado;

El mercado y la industria en la que te encuentras pueden experimentar cambios y tendencias a lo largo del tiempo. Es esencial adaptar tus estrategias en función de estos cambios para mantener la relevancia y el éxito de tu blog a largo plazo. Mantente actualizado con las novedades de tu nicho, las preferencias de tu audiencia y las prácticas recomendadas en el campo del blogging. Ajusta tus estrategias de promoción, marketing y contenido en respuesta a estos cambios y aprovecha las oportunidades emergentes.

Realizar un seguimiento del rendimiento a largo plazo implica establecer metas claras, monitorear regularmente los datos y adaptar las estrategias en función de los cambios del mercado. Al hacerlo, podrás evaluar el progreso de tu blog, identificar áreas de mejora y tomar decisiones informadas para optimizar su rendimiento a lo largo del tiempo.

Resumen del capítulo 7

Imagina que estás conduciendo de noche, sin faros. Así es un blog sin analítica; avanzas, sí, pero no sabes si vas por buen camino, si te estás desviando, o si alguien te está siguiendo. Este capítulo no es sobre números fríos — es sobre escuchar lo que tus lectores te dicen en silencio, a través de sus clics, su tiempo, sus salidas y sus regresos. **La analítica no mide tu valía. Mide tu impacto.** Y eso, amigo, es lo que te permite mejorar, no adivinar.

Google Analytics no es un monstruo técnico — es tu copiloto. Te dice de dónde viene tu gente, qué les encanta, dónde se aburren, y qué los hace quedarse. Pero no sirve de nada si lo instalas y lo olvidas. Configura tus metas como si fueran promesas que te haces a ti mismo; "Quiero que X personas se suscriban este mes", "Quiero que esta guía sea descargada 200 veces". Cuando defines lo que importa, los datos dejan de ser ruido y se convierten en brújula.

No te obsesiones con el tráfico total. Obsesiónate con el tráfico que importa. ¿Quién se queda? ¿Quién vuelve? ¿Quién comparte? Eso es oro. Una página con mil visitas, pero 95% de rebote no está funcionando — está fallando elegantemente. En cambio, un artículo con 200 visitas y 5 minutos promedio de lectura está construyendo comunidad. Ajusta, no acumules.

Y no mires los datos como si fueran un examen que debes aprobar. Míralos como un mapa de tesoro. ¿Dónde están los patrones? ¿Qué días tu audiencia está más activa? ¿Qué tipo de contenido los hace detenerse? **¿Qué fuente de tráfico te trae a quienes realmente se convierten?** Usa esa información para pulir, no para castigarte. Si algo no funciona, no es un fracaso — es un experimento que te dio una pista.

Segmenta. No todos tus lectores son iguales. Los nuevos necesitan orientación. Los recurrentes, profundidad. Los que vienen de Instagram buscan inspiración. Los que llegan por Google, respuestas. Habla a cada grupo como se merece. Personaliza. Adapta. La magia no está en tener más datos — está en saber qué hacer con ellos.

Y cuando ajustes — porque ajustarás — hazlo con calma, pero con intención. Mejora la navegación si la gente se pierde. Refuerza las llamadas a la acción si no convierten. **Optimiza para móvil si ahí se van**. Cada cambio pequeño, guiado por datos, suma. No necesitas reinventar tu blog cada semana — solo afinarlo, como un músico que ajusta su instrumento antes de tocar.

Finalmente, piensa a largo plazo. Compara meses, no días. Celebra tendencias, no picos. El éxito de tu blog no se mide en virales, sino en crecimiento constante, en lealtad, en confianza construida. Los datos te dirán si vas por buen camino — pero tú decides qué camino vale la pena recorrer.

¿Qué métrica vas a vigilar esta semana — no para presumir, sino para aprender?

Capítulo 8; Mantenimiento y seguridad del blog

El mantenimiento y la seguridad son aspectos fundamentales para asegurar el éxito de un blog. Mantener el blog actualizado, protegido y funcionando sin problemas es crucial para garantizar una experiencia positiva tanto para los visitantes como para los propietarios del blog.

A continuación, se detallan algunas razones clave por las que el mantenimiento y la seguridad son importantes;

1. **Funcionalidad y rendimiento**; Realizar un mantenimiento regular del blog asegura que todas las funciones y características del sitio estén en pleno funcionamiento. Esto incluye la revisión y actualización de plugins, temas y el sistema de gestión de contenido (CMS). Además, la optimización del rendimiento del blog, como la optimización de imágenes y la mejora de la velocidad de carga, contribuye a una experiencia de usuario fluida y satisfactoria.

2. **Seguridad y protección de datos**; La seguridad es primordial para proteger el blog y

los datos de los usuarios. Los blogs son vulnerables a diversos ataques cibernéticos, como el malware, los intentos de hacking y el robo de información. Mantener actualizado el CMS y los plugins, utilizar contraseñas seguras y contar con medidas de seguridad adecuadas ayudará a prevenir y mitigar posibles amenazas.

3. **Confianza y reputación**; Un blog seguro y bien mantenido genera confianza en los visitantes. Cuando los usuarios perciben que un blog se preocupa por su seguridad y privacidad, es más probable que vuelvan y compartan su contenido. Además, una reputación positiva en términos de seguridad puede atraer a colaboradores y anunciantes potenciales.

Objetivos del mantenimiento y seguridad del blog;

El mantenimiento y la seguridad del blog tienen como objetivo principal garantizar la estabilidad, confiabilidad y protección del sitio.

Te presento algunos objetivos clave;

1. **Mantener el CMS y los componentes actualizados**; Actualizar regularmente el CMS, los plugins y los temas es esencial para obtener nuevas características, mejoras de seguridad y correcciones de errores. El objetivo es mantener el blog en la última versión estable

y asegurarse de que todas las actualizaciones sean compatibles y no afecten negativamente el funcionamiento del sitio.

2. **Realizar copias de seguridad periódicas**; El objetivo es crear copias de seguridad regulares del blog y su base de datos para poder restaurarlos en caso de pérdida de datos, fallos del servidor u otros problemas. Las copias de seguridad ayudan a proteger el contenido valioso y garantizar una rápida recuperación en caso de emergencia.

3. **Implementar medidas de seguridad**; El objetivo es fortalecer la seguridad del blog mediante la implementación de medidas como contraseñas seguras, autenticación de dos factores, cortafuegos y plugins de seguridad. Estas medidas ayudan a prevenir ataques y garantizar la integridad de los datos.

4. **Optimizar el rendimiento del blog**; El objetivo es mejorar la velocidad de carga del blog, optimizar la experiencia de usuario y minimizar los tiempos de inactividad. Esto implica realizar ajustes técnicos, como la optimización de imágenes, la compresión de archivos y el uso de técnicas de almacenamiento en caché.

El mantenimiento y la seguridad son aspectos críticos para el éxito de un blog. Al garantizar un funcionamiento sin problemas, proteger los datos y generar confianza en los visitantes, el mantenimiento y la seguridad contribuyen a la creación de un blog exitoso y sostenible.

Actualización y gestión del sistema de gestión de contenido (CMS)

Mantener el CMS actualizado es fundamental para garantizar la seguridad, estabilidad y funcionalidad del blog.

Te dejo algunas razones importantes para mantener el CMS actualizado;

1. **Mejoras de seguridad**; Los desarrolladores de CMS están constantemente trabajando para identificar y solucionar posibles vulnerabilidades de seguridad. Al mantener el CMS actualizado, se obtienen las últimas correcciones de seguridad, lo que reduce el riesgo de ataques y protege los datos del blog y de los usuarios.

2. **Nuevas características y funcionalidades**; Las actualizaciones del CMS suelen incluir mejoras en las características existentes y la introducción de nuevas funcionalidades. Estas actualizaciones pueden ofrecer oportunidades

para mejorar la experiencia del usuario, optimizar el rendimiento y agregar nuevas capacidades al blog.

3. **Compatibilidad con plugins y temas**; A medida que el CMS se actualiza, es importante que los plugins y temas también se mantengan actualizados para garantizar la compatibilidad. Los desarrolladores de plugins y temas suelen adaptar sus productos a las últimas versiones del CMS, lo que asegura un funcionamiento óptimo y evita posibles conflictos o problemas de rendimiento.

Proceso de actualización del CMS y sus componentes;

El proceso de actualización del CMS y sus componentes sigue generalmente estos pasos;

1. **Realizar una copia de seguridad**; Antes de iniciar cualquier actualización, es crucial realizar una copia de seguridad completa del blog y su base de datos. Esto permite restaurar el sitio en caso de que ocurra algún problema durante la actualización.

2. **Verificar la compatibilidad**; Antes de actualizar el CMS, los plugins y los temas, es importante verificar la compatibilidad entre ellos. Algunos plugins o temas pueden no ser compatibles con la versión más reciente del

CMS, lo que podría causar problemas en el funcionamiento del blog. En este caso, se pueden buscar alternativas o contactar a los desarrolladores para obtener una versión compatible.

3. **Actualizar el CMS**; Una vez que se ha verificado la compatibilidad, se puede proceder a actualizar el CMS. En la mayoría de los casos, el CMS proporcionará una opción dentro del panel de administración para realizar la actualización. Se recomienda seguir las instrucciones del CMS y realizar una copia de seguridad antes de comenzar.

4. **Actualizar plugins y temas**; Después de actualizar el CMS, es importante verificar si hay actualizaciones disponibles para los plugins y temas instalados. Estas actualizaciones suelen ser accesibles a través del panel de administración del CMS o directamente desde los sitios web de los desarrolladores. Se debe proceder a actualizar los plugins y temas uno por uno, asegurándose de seguir las instrucciones proporcionadas.

5. **Realizar pruebas y monitorear**; Después de completar las actualizaciones, es recomendable realizar pruebas exhaustivas para asegurarse de que todo funcione correctamente. Se deben verificar las funcionalidades clave del blog,

como la navegación, los formularios de contacto y las interacciones con los plugins. Además, se debe monitorear el blog en los días siguientes para identificar posibles problemas que puedan surgir después de la actualización.

Gestión de plugins y temas en el CMS;

La gestión de plugins y temas en el CMS implica realizar un seguimiento y una administración adecuada para garantizar un funcionamiento óptimo del blog.

Algunos puntos clave para una buena gestión;

1. **Instalar plugins y temas de fuentes confiables**; Es importante obtener plugins y temas de fuentes confiables, como los repositorios oficiales del CMS o sitios web reconocidos. Esto ayuda a garantizar la calidad, seguridad y compatibilidad de los plugins y temas.

2. **Actualizar regularmente los plugins y temas**; Mantener los plugins y temas actualizados es esencial para aprovechar las mejoras de seguridad, corrección de errores y nuevas funcionalidades. Se recomienda establecer una rutina para verificar y aplicar las actualizaciones disponibles.

3. **Desactivar y eliminar plugins y temas no utilizados**; Los plugins y temas innecesarios pueden afectar negativamente el rendimiento del blog y aumentar el riesgo de vulnerabilidades de seguridad. Se debe realizar una revisión regular de los plugins y temas instalados y desactivar o eliminar aquellos que no se utilicen.

4. **Monitorear el rendimiento y solucionar problemas**; Algunos plugins y temas pueden tener un impacto negativo en el rendimiento del blog. Es importante monitorear el rendimiento y estar atento a posibles problemas relacionados con los plugins y temas instalados. Si se detecta algún problema, se deben tomar las medidas necesarias, como desactivar el plugin problemático o buscar alternativas más eficientes.

5. **Realizar pruebas después de la instalación de nuevos plugins o temas**; Antes de implementar un nuevo plugin o tema en el blog, se recomienda realizar pruebas exhaustivas para asegurarse de que no afecte negativamente la funcionalidad o el rendimiento del sitio. Esto ayuda a identificar posibles problemas antes de que afecten a los visitantes del blog.

La gestión adecuada del CMS, los plugins y los temas garantiza un funcionamiento estable, seguro y eficiente del blog, proporcionando una mejor experiencia para los visitantes y administradores del sitio.

Copias de seguridad y recuperación de datos

Realizar copias de seguridad periódicas es fundamental para proteger la integridad de los datos de tu blog y garantizar su rápida recuperación en caso de incidentes.

Aquí se explican algunas razones clave para realizar copias de seguridad;

1. **Protección contra pérdida de datos**; Los datos de tu blog son valiosos, y perderlos debido a un error humano, un ataque cibernético o un fallo técnico puede ser devastador. Las copias de seguridad periódicas aseguran que tengas una copia actualizada de tus datos, lo que te permite restaurar tu blog a un estado anterior sin perder información importante.

2. **Recuperación ante fallos del sistema**; Los fallos del sistema, como errores de software, problemas de hardware o interrupciones del servidor, pueden afectar negativamente la

disponibilidad de tu blog. Al tener copias de seguridad, puedes recuperar rápidamente tu blog y minimizar el tiempo de inactividad.

3. **Protección contra ataques cibernéticos**; Los blogs son objetivos comunes para ataques cibernéticos, como hackeos o malware. Si tu blog se ve comprometido, una copia de seguridad te permite restaurar tu sitio a un estado seguro y sin contenido malicioso.

Métodos y herramientas para realizar copias de seguridad;

Existen varios métodos y herramientas para realizar copias de seguridad de tu blog.

Opciones comunes;

1. **Copias de seguridad manuales**; Puedes realizar copias de seguridad manualmente descargando todos los archivos y la base de datos de tu blog a través de FTP (Protocolo de transferencia de archivos) y herramientas de gestión de bases de datos. Esto implica una mayor responsabilidad por tu parte, pero te brinda un mayor control sobre el proceso de copia de seguridad.

2. **Copias de seguridad automatizadas del host**; Muchos proveedores de alojamiento web ofrecen servicios de copia de seguridad

automatizada como parte de sus planes. Estas soluciones programan copias de seguridad regulares y las almacenan en servidores externos o en ubicaciones seguras. Verifica con tu proveedor de alojamiento si ofrecen esta opción y asegúrate de comprender cómo acceder a tus copias de seguridad y cómo se gestionan.

3. **Plugins de copia de seguridad**; Los CMS populares, como WordPress, tienen una amplia gama de plugins de copia de seguridad disponibles. Estos plugins simplifican el proceso de copia de seguridad y restauración, permitiéndote programar copias de seguridad automáticas, almacenarlas en servicios en la nube y facilitar la recuperación de datos en caso de emergencia. Investiga y selecciona un plugin confiable y compatible con tu CMS.

Proceso de recuperación de datos en caso de incidentes;

En caso de que ocurra un incidente y necesites recuperar los datos de tu blog a partir de una copia de seguridad, sigue estos pasos generales;

1. **Identifica y resuelve el problema**; Antes de iniciar la recuperación, es importante identificar y resolver la causa del problema que llevó a la pérdida de datos o al fallo del sistema.

Por ejemplo, si tu blog fue hackeado, asegúrate de eliminar cualquier contenido malicioso o vulnerabilidad antes de restaurar la copia de seguridad.

2. **Accede a tu copia de seguridad**; Si utilizas un servicio de copia de seguridad automatizada o un plugin, sigue las instrucciones proporcionadas para acceder a tu copia de seguridad. Si realizaste una copia de seguridad manual, asegúrate de tener acceso a los archivos y la base de datos guardados en un lugar seguro.

3. **Restaura la copia de seguridad**; Sigue las instrucciones del método que estás utilizando para restaurar la copia de seguridad en tu sitio web. Esto puede implicar subir archivos a través de FTP, importar una base de datos o utilizar la interfaz del plugin de copia de seguridad.

4. **Verifica y prueba el sitio restaurado**; Después de la restauración, verifica que tu blog se haya recuperado correctamente. Realiza pruebas exhaustivas para asegurarte de que todos los datos estén intactos y de que el sitio funcione sin problemas. Si encuentras algún problema, revisa las configuraciones y ajusta según sea necesario.

Recuerda que la prevención es clave para evitar pérdidas de datos y problemas de seguridad. Realiza copias de seguridad periódicas, mantén tu sistema actualizado y sigue buenas prácticas de seguridad en general para proteger tu blog de posibles incidentes.

Protección contra amenazas y ataques cibernéticos

Es fundamental tener conocimiento de las amenazas y los ataques cibernéticos comunes para proteger adecuadamente tu blog.

Algunas de las amenazas comunes incluyen;

1. **Malware**; Se refiere a software malicioso diseñado para dañar tu blog, robar información o tomar el control del mismo.

2. **Ataques de fuerza bruta**; Consisten en intentos repetidos de adivinar contraseñas a través de combinaciones automáticas hasta encontrar la correcta.

3. **Ataques de inyección SQL**; Los atacantes aprovechan las vulnerabilidades en las aplicaciones web para insertar comandos SQL maliciosos y acceder a la base de datos del blog.

4. **Ataques de denegación de servicio (DDoS)**; Consisten en inundar el servidor del blog con tráfico falso o solicitudes maliciosas

para dejarlo inaccesible para los usuarios legítimos.

Uso de contraseñas seguras y autenticación de dos factores;

El uso de contraseñas seguras y la implementación de la autenticación de dos factores son prácticas efectivas para proteger tu blog.

Aquí hay algunas pautas a seguir;

1. **Contraseñas seguras**; Utiliza contraseñas únicas y complejas que contengan una combinación de letras (mayúsculas y minúsculas), números y caracteres especiales. Evita el uso de información personal obvia y no reutilices contraseñas en diferentes cuentas.

2. **Autenticación de dos factores (2FA)**; Habilita la autenticación de dos factores siempre que sea posible. Esto agrega una capa adicional de seguridad al requerir un código de verificación adicional, generalmente enviado a tu dispositivo móvil, además de tu contraseña para acceder a tu blog.

Implementación de medidas de seguridad, como cortafuegos y plugins de seguridad;

Además de las contraseñas seguras y la autenticación de dos factores, hay otras medidas de seguridad que puedes implementar para proteger tu blog;

1. **Cortafuegos (firewall)**; Un cortafuego ayuda a bloquear el tráfico no autorizado y los ataques maliciosos, filtrando las solicitudes y permitiendo solo las legítimas. Puedes configurar un cortafuego a nivel de servidor o utilizar servicios de seguridad en la nube que ofrecen protección adicional.

2. **Plugins de seguridad**; Dependiendo del CMS que utilices, hay plugins de seguridad disponibles que pueden fortalecer la seguridad de tu blog. Estos plugins ofrecen características como detección de malware, escaneo de vulnerabilidades, protección contra ataques de fuerza bruta y más. Investiga y selecciona un plugin confiable y actualizado.

3. **Actualizaciones regulares del CMS y los plugins**; Mantén tu CMS y todos los plugins actualizados con las últimas versiones. Las actualizaciones suelen contener correcciones de seguridad y parches que solucionan vulnerabilidades conocidas.

Recuerda que la seguridad es un proceso continuo y que ninguna medida es completamente infalible. Mantén una postura proactiva en cuanto a la seguridad, mantente informado sobre las últimas amenazas y actualizaciones de seguridad, y realiza auditorías regulares para garantizar que tu blog esté protegido de manera efectiva contra las amenazas cibernéticas.

Gestión de comentarios y spam

La gestión adecuada de los comentarios del blog es fundamental por varias razones;

1. **Fomento de la participación y el compromiso**; Los comentarios permiten a los lectores interactuar contigo y otros usuarios, lo que fomenta la participación y el compromiso con tu blog.

2. **Construcción de una comunidad**; Al responder a los comentarios y fomentar conversaciones saludables, puedes crear una comunidad en torno a tu blog, lo que puede generar lealtad y apoyo.

3. **Retroalimentación y mejoras**; Los comentarios brindan una valiosa retroalimentación sobre tus publicaciones, permitiéndote conocer las opiniones, preguntas y sugerencias de tus lectores. Esto te ayuda a mejorar la calidad y relevancia de tu contenido.

Uso de plugins y herramientas para combatir el spam;

El spam en los comentarios puede ser perjudicial para la experiencia de los usuarios y la reputación de tu blog. Para combatirlo, puedes utilizar plugins y herramientas específicas que ofrecen características como;

1. **Filtros de spam**; Estos plugins utilizan algoritmos avanzados para identificar y bloquear comentarios de spam automáticamente, evitando que aparezcan en tu blog.

2. **Captchas y sistemas antispam**; Estas herramientas requieren que los usuarios completen una tarea o verifiquen su identidad antes de enviar un comentario, lo que ayuda a prevenir los comentarios automatizados generados por bots.

3. **Moderación manual**; Puedes optar por moderar manualmente todos los comentarios antes de que se publiquen en tu blog. Esto te permite revisar y aprobar solo los comentarios legítimos y eliminar el spam.

Establecimiento de pautas y políticas de comentarios;

Es recomendable establecer pautas y políticas claras para los comentarios en tu blog. **Algunos aspectos a considerar son;**

1. **Normas de conducta**; Define las reglas básicas de comportamiento y respeto que deben seguir los usuarios al dejar comentarios. Esto incluye prohibir lenguaje ofensivo, ataques personales y cualquier forma de discriminación.

2. **Moderación y eliminación de comentarios**; Explica tu política de moderación y cómo manejarás los comentarios que violen las pautas establecidas. Esto puede incluir la eliminación de comentarios ofensivos, spam o irrelevantes.

3. **Fomento de la participación constructiva**; Anima a los usuarios a dejar comentarios constructivos y enriquecedores que aporten valor a las discusiones. Puedes sugerir que eviten comentarios cortos o que no aporten nada relevante al tema.

Al establecer pautas claras y hacerlas visibles para los usuarios, promueves un entorno de comentarios saludable y respetuoso en tu blog. Recuerda que la gestión de comentarios y la lucha contra el spam son procesos continuos. Debes estar atento a nuevas técnicas de spam y adaptar tus estrategias de moderación según sea necesario para mantener la calidad y seguridad de los comentarios en tu blog.

Optimización del rendimiento y velocidad del blog

La velocidad de carga y el rendimiento del blog son aspectos cruciales para brindar una buena experiencia al usuario.

Aquí te explico su importancia;

1. **Experiencia del usuario**; Los visitantes esperan que los sitios web se carguen rápidamente. Si tu blog es lento, es probable que los usuarios se frustren y abandonen antes de que el contenido se cargue por completo. Una experiencia negativa puede disminuir la retención de usuarios y afectar la imagen de tu blog.

2. **SEO y posicionamiento**; Los motores de búsqueda, como Google, consideran la velocidad de carga como un factor importante para el posicionamiento en los resultados de búsqueda. Un blog más rápido tiene más posibilidades de clasificar más alto, lo que aumenta la visibilidad y la cantidad de visitantes.

Optimización de imágenes y archivos multimedia;

Las imágenes y los archivos multimedia pueden afectar significativamente el rendimiento del blog debido a su tamaño.

Aquí tienes algunas estrategias para optimizarlos;

1. **Comprimir las imágenes**; Utiliza herramientas de compresión de imágenes para reducir su tamaño sin comprometer demasiado la calidad. Esto reduce el tiempo de carga de las páginas que las contienen.

2. **Formatos de archivo adecuados**; Utiliza formatos de imagen adecuados, como JPEG para fotografías y PNG para imágenes con transparencias. Esto optimiza el tamaño del archivo sin sacrificar la calidad visual.

3. **Lazy loading**; Implementa la técnica de "carga perezosa" para las imágenes, donde las imágenes se cargan solo cuando el usuario las ve al desplazarse por la página. Esto acelera la carga inicial del blog y mejora la experiencia del usuario.

Uso de caché y compresión para mejorar la velocidad de carga;

La caché y la compresión son técnicas efectivas para mejorar la velocidad de carga del blog;

1. **Caché**; Implementa un sistema de caché que almacene una versión en caché de las páginas del blog. Esto permite que los visitantes accedan a la versión en caché en lugar de generar cada página desde cero en cada visita, lo que acelera el tiempo de carga.

2. **Compresión**; Utiliza la compresión GZIP para reducir el tamaño de los archivos HTML, CSS y JavaScript que se envían al navegador del usuario. La compresión reduce el tiempo de transferencia de datos y mejora la velocidad de carga del blog.

3. **Minificación de archivos**; Minimiza los archivos CSS y JavaScript eliminando espacios en blanco, comentarios y reduciendo el código innecesario. Esto disminuye su tamaño y acelera su carga.

Recuerda que la optimización del rendimiento y la velocidad del blog debe ser un proceso continuo. Realiza pruebas periódicas, utiliza herramientas de análisis y sigue las mejores prácticas de optimización para garantizar que tu blog se mantenga rápido y eficiente a medida que crece y se actualiza.

Monitorización y detección de problemas

La monitorización del rendimiento del blog es fundamental para detectar problemas y garantizar su correcto funcionamiento.

Aquí se presentan algunas herramientas y métodos para realizar esta tarea;

1. **Google Search Console**; Esta herramienta proporciona información valiosa sobre el rendimiento de tu blog en los resultados de búsqueda de Google. Te permite conocer las palabras clave que generan tráfico, las páginas indexadas y posibles problemas de rastreo.

2. **Google Analytics**; Además de ofrecer información sobre el tráfico y el comportamiento de los usuarios, Google Analytics también puede ayudarte a identificar problemas de rendimiento. Puedes utilizar métricas como el tiempo de carga de la página y la tasa de rebote para evaluar el rendimiento general del blog.

3. **Herramientas de supervisión del rendimiento**; Existen diversas herramientas, como Pingdom, GTmetrix o PageSpeed Insights, que evalúan el rendimiento de tu blog y te ofrecen recomendaciones para mejorarlo.

Estas herramientas analizan la velocidad de carga, la optimización de imágenes, el rendimiento del servidor y otros aspectos clave.

Detección y solución de problemas de rendimiento y funcionalidad;

Es esencial identificar y solucionar los problemas de rendimiento y funcionalidad del blog de manera oportuna.

Aquí te presento algunos pasos para hacerlo;

1. **Monitoreo regular**; Realiza un seguimiento periódico del rendimiento del blog y analiza las métricas clave. Si notas una disminución en el rendimiento, investiga la causa y toma medidas correctivas.

2. **Pruebas de carga y estrés**; Realiza pruebas de carga para evaluar cómo responde tu blog bajo una carga de usuarios simulada. Identifica los puntos débiles y optimiza los recursos para garantizar un rendimiento óptimo incluso en momentos de alta demanda.

3. **Revisión de errores y registros del servidor**; Verifica los registros de errores y del servidor para identificar problemas y conflictos que puedan afectar el rendimiento o la

funcionalidad del blog. Soluciona los errores y realiza las actualizaciones necesarias.

4. **Actualizaciones y parches**; Mantén tu CMS, temas y plugins actualizados con las últimas versiones para asegurarte de tener las correcciones de errores y las mejoras de rendimiento más recientes.

5. **Soporte técnico**; Si encuentras problemas más complejos o no puedes resolverlos por ti mismo, considera buscar ayuda de expertos o soporte técnico especializado.

La monitorización constante y la resolución rápida de problemas garantizan que tu blog esté en óptimas condiciones y ofrezca una experiencia de usuario satisfactoria. No subestimes la importancia de esta tarea y realiza un seguimiento regular para mantener tu blog en funcionamiento de manera eficiente.

Plan de contingencia y recuperación de desastres

Un plan de contingencia es una estrategia anticipada que te permite responder de manera eficiente y efectiva ante posibles situaciones de emergencia que puedan afectar la seguridad o el funcionamiento de tu blog.

Aquí se presentan algunos pasos clave para preparar un plan de contingencia;

1. **Identificar posibles riesgos**; Haz una lista de los posibles eventos que podrían afectar tu blog, como ataques cibernéticos, errores de servidor, pérdida de datos, problemas de seguridad, entre otros.

2. **Evaluar el impacto**; Determina el impacto potencial de cada evento en tu blog y en la experiencia del usuario. Prioriza aquellos que puedan causar daños significativos.

3. **Establecer medidas preventivas**; Implementa medidas de seguridad, como sistemas de protección contra ataques, firewalls, copias de seguridad regulares y soluciones de recuperación de desastres.

4. **Asignar responsabilidades**; Define claramente quién será responsable de ejecutar el plan de contingencia y qué acciones específicas deben tomar en caso de emergencia.

5. **Documentar el plan**; Escribe el plan de contingencia de manera detallada, incluyendo todos los procedimientos y pasos a seguir. Asegúrate de que todos los involucrados estén familiarizados con el plan y sepan cómo ponerlo en práctica.

Respuesta rápida y eficiente ante problemas graves;

Cuando ocurre una situación de emergencia o un problema grave, es crucial actuar rápidamente para minimizar el impacto y restaurar la funcionalidad del blog.

Aquí se presentan algunos aspectos a considerar;

1. **Comunicación interna**; Notifica a todo el equipo involucrado en la gestión del blog sobre la situación de emergencia y las acciones que deben tomar. Mantén una comunicación constante para asegurarte de que todos estén al tanto de los avances y los pasos a seguir.

2. **Priorización de acciones**; Identifica las tareas más críticas y enfoca tus esfuerzos en resolver los problemas más urgentes. Esto puede incluir la restauración de copias de seguridad, la solución de vulnerabilidades de seguridad o la resolución de problemas técnicos graves.

3. **Colaboración externa**; Si es necesario, busca la ayuda de profesionales externos, como expertos en seguridad informática o proveedores de servicios técnicos, para resolver el problema de manera eficiente.

Recuperación de desastres y restauración del blog;

En caso de que se produzca un desastre que afecte significativamente la integridad o el funcionamiento del blog, es importante tener un proceso de recuperación establecido.

Aquí se presentan algunos pasos clave;

1. **Restauración desde copias de seguridad**; Utiliza las copias de seguridad previamente realizadas para restaurar el contenido, los archivos y la configuración del blog. Asegúrate de tener copias de seguridad actualizadas y almacenadas en un lugar seguro.

2. **Verificación de integridad**; Realiza una verificación exhaustiva del blog para asegurarte de que todos los elementos estén en su lugar y funcionando correctamente. Prueba el rendimiento, la funcionalidad y la seguridad del blog para garantizar su total recuperación.

3. **Mejoras y medidas preventivas**; Aprovecha esta oportunidad para implementar mejoras y medidas preventivas adicionales que ayuden a prevenir futuros desastres. Actualiza tus sistemas, fortalece las medidas de seguridad y revisa tu plan de contingencia para hacerlo más sólido y eficiente.

Recuerda que la preparación, la respuesta rápida y la recuperación efectiva son fundamentales para minimizar los daños causados por situaciones de emergencia. Mantén tu plan de contingencia actualizado y realiza simulacros periódicos para asegurarte de que todos los involucrados estén preparados para responder de manera adecuada.

Resumen del capítulo 8

Tu blog no es un monumento — es un jardín. Y como todo jardín, si lo descuidas, se llena de maleza, se enferma, y deja de florecer. Este capítulo no es el más glamuroso, pero es el que te salvará cuando todo se ponga feo. Porque tarde o temprano, algo fallará. **Alguien intentará hackearte.** Un plugin se volverá loco. El tráfico se caerá. Y cuando eso pase, no querrás estar improvisando — querrás tener un plan, copias de seguridad, y la tranquilidad de saber que puedes recuperarte sin perder meses de trabajo.

Mantener tu blog no es un gasto de tiempo — es una inversión en confianza. Tus lectores no ven el código, pero sí sienten cuando algo va lento, cuando un formulario no funciona, cuando una página da error. Y si eso pasa seguido, dejarán de volver. Por eso, actualizar tu CMS, tus plugins, tus temas — no es opcional. Es tu contrato de profesionalismo. Hazlo con calma, sí, pero hazlo con constancia. Antes de cada actualización; copia de seguridad. Siempre. Sin excepciones.

Y hablando de copias de seguridad; no confíes en la suerte. Ni en tu hosting. Ni en tu memoria. Automatiza este proceso. Usa plugins, servicios en la nube, lo que sea — pero asegúrate de que, si un día despiertas y tu blog desapareció, puedas restaurarlo en horas, no en semanas. Porque lo que pierdes no es solo contenido — es confianza, autoridad, momentum. Y eso, amigo, no se recupera con un clic.

La seguridad no es para paranoicos — es para quienes entienden que, en internet, si no te cuidas, alguien lo hará por ti… y no a tu favor. **Contraseñas fuertes**, autenticación en dos pasos, cortafuegos, plugins de seguridad — todo eso no es exageración. Es sentido común. Imagina que tu blog es tu casa; ¿dejarías la puerta abierta con un letrero que diga "bienvenidos ladrones"? Pues eso es lo que haces si no tomas medidas básicas.

Y no te olvides de los **comentarios**. Sí, son el alma de la comunidad — pero también la **puerta trasera del spam**. Modera, filtra, establece reglas claras. No dejes que los bots y los trolls conviertan tu espacio en un basurero digital. Un comentario genuino vale más que mil publicaciones automatizadas. Cuida ese ecosistema.

Velocidad, por cierto, no es un lujo — es respeto. **Nadie espera más de 3 segundos.** Si tu blog tarda, se van. Y Google también lo nota. Optimiza imágenes, activa caché, comprime archivos. No necesitas ser técnico — solo necesitas ser constante. Usa herramientas gratuitas, haz pruebas mensuales, y celebra cada segundo que le ahorras a tu lector.

Monitorea. No esperes a que alguien te avise de que algo falla. Usa Google Analytics, Search Console, Pingdom. Mira las métricas no como números, sino como señales de alarma o de éxito. ¿Subió el rebote? ¿Bajó el tiempo en el sitio? No ignores eso. Investiga. Ajusta. Mejora.

Y finalmente, prepárate para lo peor — sin miedo, pero con plan. ¿Qué harías si te hackean? ¿Si pierdes la base de datos? ¿Si el servidor se cae en tu mejor momento? Ten un plan de contingencia escrito. Sepa quién hace qué. Dónde están las copias. Cómo restaurar. Haz simulacros. Porque cuando el caos llegue — y llegará — no querrás estar pensando. Querrás estar actuando.

Este capítulo no es sobre tecnología. Es sobre responsabilidad. Sobre cuidado. Sobre construir algo que dure, no algo que brille un día y desaparezca al siguiente.

¿Qué vas a hacer hoy para que tu blog esté más seguro, más rápido y más preparado que ayer?

Capítulo 9; Crecimiento y escalabilidad del blog

El crecimiento del blog es fundamental para alcanzar el éxito a largo plazo. A medida que el blog crece, aumenta su visibilidad, se amplía su audiencia y se generan mayores oportunidades de monetización. El crecimiento también permite establecer autoridad en el nicho, generar más impacto y alcanzar objetivos más ambiciosos. Además, un blog en constante crecimiento atrae a colaboradores, patrocinadores y posibles socios, lo que contribuye a su desarrollo y reputación.

Objetivos del crecimiento y la escalabilidad;

El crecimiento del blog implica alcanzar una serie de objetivos estratégicos que contribuyen a su expansión y éxito a largo plazo.

Algunos objetivos comunes incluyen;

1. **Aumentar la audiencia;** Uno de los principales objetivos es aumentar el número de visitantes y seguidores del blog. Esto se logra a través de estrategias de marketing de

contenido, promoción en redes sociales, SEO efectivo y colaboraciones con otros bloggers o influencers. Cuanto mayor sea la audiencia, mayor será el alcance y la influencia del blog.

2. **Diversificar y expandir el contenido**; El crecimiento implica la exploración de nuevos temas, nichos o formatos de contenido. Al expandir el contenido del blog, se puede atraer a una audiencia más amplia y satisfacer las necesidades e intereses de diferentes segmentos. Esto ayuda a mantener la frescura y relevancia del blog a medida que evoluciona el mercado.

3. **Monetización efectiva**; El crecimiento del blog también implica generar ingresos sostenibles. Los objetivos pueden incluir la implementación de estrategias de monetización, como publicidad, marketing de afiliados, venta de productos digitales o incluso la creación de servicios personalizados. El crecimiento del blog proporciona una base sólida para maximizar las oportunidades de monetización y lograr un retorno de la inversión adecuado.

4. **Optimización técnica y escalabilidad**; A medida que el blog crece, es necesario asegurarse de que su infraestructura técnica pueda soportar el aumento del tráfico y las demandas. Los objetivos pueden incluir la mejora de la velocidad de carga del sitio, la

optimización del rendimiento, la gestión eficiente de los recursos del servidor y la escalabilidad del hosting. Estas acciones garantizan una experiencia óptima para los visitantes y evitan problemas técnicos que podrían afectar el crecimiento del blog.

El crecimiento del blog es esencial para su éxito a largo plazo. Implica aumentar la audiencia, diversificar el contenido, optimizar la monetización y garantizar una infraestructura técnica escalable. Estos objetivos se centran en mejorar la visibilidad, la influencia y la rentabilidad del blog, lo que lo posiciona como un recurso confiable y valioso en su nicho.

Definición de metas y objetivos de crecimiento;

Al establecer metas de crecimiento para el blog, es importante seguir el enfoque SMART para asegurarse de que sean claras, alcanzables y orientadas a resultados.

Aquí se explica cada elemento de las metas SMART;

1. **Específicas**; Las metas deben ser precisas y detalladas. En lugar de establecer una meta general como "aumentar el tráfico del blog", es

mejor establecer una meta específica como "aumentar el tráfico orgánico en un 20% en los próximos tres meses".

2. **Medibles**; Las metas deben ser cuantificables y medibles. Esto significa que se debe poder evaluar el progreso y el logro de la meta utilizando métricas específicas. Por ejemplo, medir el tráfico del blog mediante el número de visitantes únicos, el tiempo de permanencia en el sitio o las conversiones.

3. **Alcanzables**; Las metas deben ser realistas y alcanzables dentro de un marco de tiempo determinado. Se deben considerar los recursos disponibles, las capacidades del equipo y las condiciones del mercado. Establecer metas demasiado ambiciosas puede llevar a la frustración y desmotivación si no se logran.

4. **Relevantes**; Las metas deben estar alineadas con los objetivos generales del blog y ser relevantes para su crecimiento y éxito. Deben estar directamente relacionadas con las áreas clave que se desean desarrollar, como el aumento de tráfico, la generación de ingresos o la mejora de la interacción con la audiencia.

5. **Con plazo**; Las metas deben tener un plazo establecido para crear un sentido de urgencia y proporcionar un marco de tiempo claro para el logro. Establecer una fecha límite específica ayuda a mantener el enfoque y permite evaluar

el progreso en función del cronograma establecido.

Identificación de métricas clave para medir el crecimiento;

Para medir el crecimiento del blog de manera efectiva, es fundamental identificar las métricas clave relevantes para las metas establecidas.

Estas métricas pueden variar según los objetivos específicos del blog, pero algunas métricas comunes incluyen;

1. **Tráfico del sitio**; Se refiere al número total de visitantes y páginas vistas en el blog. Esto puede incluir métricas como visitantes únicos, visitas totales, páginas vistas por sesión y tasa de rebote. El tráfico es una métrica fundamental para evaluar el alcance y la popularidad del blog.

2. **Conversiones**; Se refiere a las acciones que se desean que los visitantes realicen en el blog, como suscribirse al boletín informativo, descargar un recurso, realizar una compra o completar un formulario de contacto. El seguimiento de las conversiones ayuda a medir el éxito de las estrategias de marketing y monetización.

3. **Interacción en redes sociales**; Se refiere al compromiso y la participación de los usuarios en las plataformas de redes sociales donde se promociona el blog. Esto puede incluir métricas como me gusta, comentarios, compartidos y menciones. El seguimiento de la interacción en redes sociales proporciona información sobre la visibilidad y la influencia del blog.

4. **Ingresos generados**; Se refiere a los ingresos obtenidos a través de estrategias de monetización, como publicidad, marketing de afiliados, ventas de productos o servicios, entre otros. El seguimiento de los ingresos generados ayuda a evaluar la efectividad de las estrategias de monetización y la rentabilidad del blog.

5. **Retención de audiencia**; Se refiere a la capacidad del blog para retener a los visitantes y mantener su interés a lo largo del tiempo. Esto puede incluir métricas como el tiempo de permanencia en el sitio, el número de páginas vistas por visita recurrente y la tasa de suscripción al boletín informativo. La retención de audiencia es importante para construir una base sólida de seguidores leales.

Al identificar y monitorear estas métricas clave, se puede evaluar de manera efectiva el crecimiento y el progreso del blog hacia las metas establecidas. Esto permite realizar ajustes y mejoras continuas en las estrategias y tácticas utilizadas para lograr un crecimiento sostenible.

Estrategias para aumentar la audiencia del blog;

La base fundamental para atraer y retener a la audiencia es ofrecer contenido de calidad. Esto implica crear contenido relevante, informativo y original que resuelva los problemas o necesidades de los lectores. El contenido debe estar bien estructurado, escrito con claridad y presentado de manera atractiva. Además, es importante promocionar el contenido de forma activa, utilizando técnicas como el uso de palabras clave relevantes, la optimización para compartir en redes sociales y la participación en comunidades en línea relacionadas con el tema del blog.

Uso efectivo de SEO (optimización para motores de búsqueda);

El SEO es crucial para aumentar la visibilidad del blog en los motores de búsqueda y atraer tráfico orgánico. Esto implica realizar investigaciones de palabras clave para identificar las palabras y frases más relevantes para el tema del blog, optimizar los títulos, las meta descripciones y las etiquetas de encabezado, mejorar la estructura y la navegación del sitio, y construir enlaces de calidad desde otros sitios web relevantes.

Además, se debe prestar atención a la velocidad de carga del sitio y a la experiencia de usuario en dispositivos móviles, ya que estos factores también influyen en el posicionamiento en los motores de búsqueda.

Participación en redes sociales y colaboraciones;

Las redes sociales ofrecen una excelente oportunidad para aumentar la visibilidad del blog y alcanzar a un público más amplio. Es importante establecer una presencia activa en las plataformas de redes sociales relevantes para el público objetivo del blog y compartir contenido de manera regular.

Además, colaborar con otros bloggers, influencers o expertos en el campo puede ayudar a ampliar el alcance del blog y atraer a nuevos lectores. Esto puede incluir invitaciones a escribir publicaciones de invitados, participar en entrevistas o paneles de discusión, o realizar colaboraciones en la promoción de contenido.

Implementación de estrategias de marketing de contenidos;

El marketing de contenidos es una estrategia efectiva para aumentar la audiencia del blog. Consiste en crear y distribuir contenido relevante y valioso para atraer, involucrar y retener a la audiencia. Esto puede incluir la creación de guías, tutoriales, infografías, videos o podcasts relacionados con el tema del blog.

Además, se pueden utilizar técnicas de captación de leads, como la creación de una lista de correo electrónico para enviar boletines informativos o la oferta de contenido descargable a cambio de suscripciones. El marketing de contenidos también implica la promoción activa del contenido a través de campañas de correo electrónico, publicidad en línea o colaboraciones con otras marcas o sitios web relevantes.

Al implementar estas estrategias de manera efectiva y consistente, se puede aumentar significativamente la audiencia del blog y lograr un crecimiento sostenible a largo plazo. Es importante tener en cuenta que el crecimiento de la audiencia no es un proceso instantáneo, requiere tiempo, esfuerzo y perseverancia, pero con una estrategia sólida y un enfoque constante, los resultados positivos se pueden lograr.

Expansión y diversificación del contenido del blog;

Una estrategia efectiva para expandir y diversificar el contenido del blog es **identificar nuevas temáticas o nichos relacionados con el tema principal**. Esto implica investigar las necesidades e intereses de la audiencia actual y buscar áreas de contenido que complementen o amplíen el enfoque principal del blog.

Por ejemplo, si el blog se centra en la cocina saludable, se pueden explorar temas relacionados con la dieta vegana, la cocina sin gluten o la cocina para personas con alergias alimentarias. Esta ampliación del contenido permite atraer a nuevos lectores y atender diferentes segmentos de la audiencia.

Creación de contenido multimedia;

La incorporación de contenido multimedia, como videos, podcasts e infografías, es una excelente manera de diversificar el formato del contenido y ofrecer una experiencia enriquecedora a la audiencia. Los videos permiten mostrar demostraciones de recetas, tutoriales prácticos o entrevistas con expertos. Los podcasts ofrecen la posibilidad de discutir temas en profundidad, realizar entrevistas o compartir historias inspiradoras.

Las infografías presentan información de manera visualmente atractiva y fácil de entender. La creación de contenido multimedia aporta variedad y permite llegar a diferentes tipos de consumidores de contenido, aumentando así la audiencia y el compromiso.

Incorporación de formatos interactivos;

Los formatos interactivos, como encuestas, cuestionarios o juegos, son una forma efectiva de involucrar a la audiencia y fomentar la participación activa. Estas herramientas permiten recopilar información y opiniones de los lectores, generar discusiones y crear un sentido de comunidad en torno al blog.

Las encuestas pueden utilizarse para obtener retroalimentación sobre el contenido existente o para solicitar sugerencias de temas futuros. Los cuestionarios pueden servir para evaluar el conocimiento de los lectores sobre un tema específico y ofrecer resultados personalizados. Los juegos relacionados con el tema del blog pueden ser divertidos y entretenidos, atrayendo así a nuevos seguidores.

Al diversificar el contenido del blog, se puede atraer a una audiencia más amplia y mantener el interés de los lectores existentes. La identificación de nuevas temáticas o nichos relacionados, la incorporación de contenido multimedia y la implementación de formatos interactivos ayudan a mantener el blog fresco, emocionante y relevante.

Es importante equilibrar la expansión y diversificación con la coherencia temática y la calidad del contenido para mantener la confianza y el compromiso de la audiencia.

Monetización avanzada del blog;

Una vez que el blog ha ganado tracción y una base sólida de seguidores, es posible explorar opciones avanzadas de monetización, como la creación y venta de cursos en línea o la implementación de membresías de contenido premium. Los cursos en línea ofrecen la oportunidad de compartir conocimientos especializados con la audiencia y generar ingresos a través de la venta de acceso al contenido educativo.

Las membresías permiten a los seguidores obtener acceso exclusivo a contenido adicional, como tutoriales detallados, material descargable o sesiones de asesoramiento personalizado, a cambio de una tarifa mensual o anual. Estas opciones avanzadas de monetización pueden proporcionar una fuente adicional de ingresos y establecer relaciones más estrechas con los seguidores comprometidos.

Implementación de estrategias efectivas de marketing de afiliados;

El marketing de afiliados es una estrategia de monetización en la que se promocionan productos o servicios de terceros a través de enlaces de afiliados. Al recomendar productos relevantes y útiles para la audiencia, el blogger puede ganar comisiones por cada venta generada a través de sus enlaces de afiliados.

Para implementar una estrategia efectiva de marketing de afiliados, es importante elegir cuidadosamente los productos o servicios que se promocionarán y asegurarse de que sean de alta calidad y estén alineados con los intereses de la audiencia. Además, se deben utilizar técnicas de marketing adecuadas, como la creación de contenido persuasivo y la divulgación transparente de los enlaces de afiliados.

Creación y venta de productos digitales propios;

Otra opción para la monetización avanzada del blog es la creación y venta de productos digitales propios. Esto puede incluir **ebooks, guías, plantillas,** cursos en línea especializados, software o cualquier otro producto digital que sea relevante para la audiencia y que pueda brindarles valor adicional.

La ventaja de crear y vender productos digitales propios es que se tiene un control total sobre el contenido y la calidad del producto, así como sobre los precios y las estrategias de comercialización. Además, los productos digitales son escalables, lo que significa que una vez creados, pueden venderse a un número ilimitado de personas sin incurrir en costos adicionales significativos.

Para tener éxito en la venta de productos digitales, es importante investigar las necesidades de la audiencia, crear productos de alta calidad y promocionarlos de manera efectiva a través del blog y otros canales de marketing. Al explorar opciones avanzadas de monetización, como cursos en línea, membresías, marketing de afiliados y productos digitales propios, se puede diversificar y aumentar las fuentes de ingresos del blog.

Es importante recordar que el enfoque principal debe seguir siendo proporcionar valor a la audiencia y mantener la integridad y la confianza en todas las estrategias de monetización implementadas.

Optimización del rendimiento técnico del blog;

La velocidad de carga y el rendimiento del sitio son aspectos cruciales para el éxito del blog, ya que afectan tanto la experiencia del usuario como el posicionamiento en los motores de búsqueda. Para optimizar el rendimiento técnico, es importante evaluar regularmente la velocidad de carga del sitio utilizando herramientas como Google PageSpeed Insights o GTmetrix.

Estas herramientas proporcionan información detallada sobre los aspectos que están ralentizando el sitio, como el tamaño de las imágenes, la optimización del código o la configuración del servidor. A partir de estos datos, se pueden implementar mejoras como la compresión de imágenes, la minimización del código o el uso de la memoria caché para acelerar la carga de las páginas.

Escalabilidad del hosting y gestión de recursos;

Conforme el blog crece y atrae a más visitantes, es importante asegurarse de que el hosting sea capaz de manejar el aumento de tráfico y de recursos. Es recomendable utilizar un hosting escalable que pueda adaptarse a las necesidades cambiantes del blog. Esto implica tener suficiente capacidad de almacenamiento, ancho de banda y potencia de procesamiento para satisfacer la demanda de los visitantes.

Además, es esencial realizar un monitoreo regular de los recursos del servidor y optimizar su uso, como la configuración de caché, la limpieza de la base de datos y la eliminación de plugins innecesarios.

Mantenimiento y actualización continua de plugins y temas;

Los plugins y temas desempeñan un papel fundamental en la funcionalidad y apariencia del blog. Para garantizar un rendimiento óptimo y la seguridad del sitio, es esencial mantenerlos actualizados. Los desarrolladores suelen lanzar actualizaciones para corregir errores, mejorar la seguridad y agregar nuevas características. Por lo tanto, es importante realizar un mantenimiento regular del blog y aplicar las actualizaciones disponibles para los plugins y temas instalados.

Además, se deben eliminar los plugins y temas no utilizados, ya que pueden afectar negativamente el rendimiento del sitio. También es recomendable realizar copias de seguridad antes de realizar cualquier actualización, para poder revertir en caso de problemas. La optimización del rendimiento técnico del blog implica una evaluación y mejora continua de la velocidad de carga, la escalabilidad del hosting y la gestión de recursos, así como el mantenimiento y la actualización de los plugins y temas.

Al asegurarse de que el sitio funcione de manera eficiente y esté al día con las últimas mejoras tecnológicas, se brinda una mejor experiencia al usuario, se mejora el posicionamiento en los motores de búsqueda y se sientan las bases para un crecimiento exitoso del blog.

Automatización y delegación de tareas;

En el proceso de administrar un blog, es común encontrarse con tareas que se repiten regularmente o que consumen mucho tiempo. Identificar estas tareas es el primer paso para poder automatizarlas o delegarlas de manera efectiva.

Algunos ejemplos de tareas repetitivas podrían ser la publicación de contenido en redes sociales, el envío de correos electrónicos de seguimiento, la moderación de comentarios o la generación de informes.

También pueden incluir tareas técnicas, como la optimización de imágenes o la copia de seguridad del sitio. Identificar estas tareas es crucial para encontrar soluciones eficientes.

Uso de herramientas y software para automatizar tareas;

Una vez que se han identificado las tareas repetitivas o que consumen mucho tiempo, se pueden utilizar herramientas y software para automatizarlas. Por ejemplo, existen herramientas de programación en redes sociales que permiten planificar y publicar contenido de manera automática.

Para el envío de correos electrónicos, se pueden utilizar servicios de automatización de marketing que permiten crear secuencias de correos electrónicos personalizados y programar su envío.

También hay herramientas de optimización de imágenes que pueden comprimir y redimensionar automáticamente las imágenes para mejorar el rendimiento del sitio. La automatización de estas tareas no solo ahorra tiempo, sino que también reduce el riesgo de errores humanos.

Contratación de personal o colaboradores para delegar responsabilidades;

Además de la automatización, otra estrategia importante es la delegación de tareas a otras personas. Esto implica contratar personal o colaboradores para asumir responsabilidades específicas relacionadas con el blog.

Por ejemplo, se puede contratar a un redactor de contenido para generar artículos, a un diseñador gráfico para crear imágenes atractivas, o a un experto en SEO para optimizar el sitio. Delegar tareas permite liberar tiempo y energía para enfocarse en las actividades que realmente requieren atención personal, como la planificación estratégica y la creación de relaciones con los seguidores.

Es importante seleccionar cuidadosamente a las personas adecuadas, comunicar claramente las expectativas y establecer sistemas de seguimiento y comunicación efectivos.

La automatización y la delegación de tareas son elementos clave para optimizar la eficiencia y la productividad en la gestión de un blog. Al identificar tareas repetitivas o que consumen mucho tiempo, se pueden utilizar herramientas y software para automatizarlas, lo que ahorra tiempo y reduce errores.

Además, la contratación de personal o colaboradores adecuados permite delegar responsabilidades y enfocarse en tareas de mayor valor. Al implementar estrategias de automatización y delegación, se libera tiempo y recursos para el crecimiento y la escalabilidad del blog, permitiendo un enfoque más estratégico y una gestión más efectiva.

Gestión de la comunidad y fidelización de audiencia;

La gestión de la comunidad implica mantener una interacción regular y significativa con los lectores y seguidores del blog. Esto se puede lograr a través de varias formas, como responder a los comentarios en el blog, participar en discusiones en las redes sociales, contestar correos electrónicos y mensajes privados, y realizar encuestas o preguntas para obtener la opinión de la audiencia.

La interacción regular muestra a los seguidores que se les valora y que sus opiniones son importantes, lo que ayuda a fortalecer la relación y generar lealtad.

Creación de una comunidad en línea y participación activa en ella;

Además de la interacción individual, es beneficioso crear una comunidad en línea alrededor del blog. Esto se puede lograr mediante la creación de grupos en redes sociales, foros de discusión o incluso un área de comentarios en el propio blog.

Estos espacios brindan a los seguidores la oportunidad de interactuar entre ellos, compartir ideas, plantear preguntas y ayudarse mutuamente. Como administrador del blog, es importante participar activamente en la comunidad, iniciando conversaciones, moderando el contenido y fomentando un ambiente positivo y respetuoso.

Ofrecimiento de contenido exclusivo y beneficios para fidelizar a la audiencia;

Una estrategia efectiva para fidelizar a la audiencia es ofrecer contenido exclusivo y beneficios adicionales. Esto puede incluir acceso anticipado a nuevos artículos o productos, descuentos especiales, contenido adicional como ebooks o guías exclusivas, webinars o sesiones de preguntas y respuestas solo para miembros, entre otros.

Estos beneficios brindan incentivos para que los seguidores se mantengan comprometidos y vuelvan al blog regularmente. También se puede considerar la creación de programas de membresía, donde los seguidores pagan una tarifa mensual o anual para acceder a contenido premium y beneficios exclusivos.

La gestión de la comunidad y la fidelización de la audiencia son aspectos fundamentales para el crecimiento y el éxito continuo del blog. La interacción regular con los lectores y seguidores crea un sentido de conexión y valor, lo que fortalece la relación y genera lealtad.

La creación de una comunidad en línea proporciona un espacio para que los seguidores interactúen entre ellos y compartan ideas, lo que fomenta un ambiente de apoyo y colaboración. Además, ofrecer contenido exclusivo y beneficios adicionales incentiva a los seguidores a mantenerse comprometidos y regresar al blog regularmente.

Al gestionar la comunidad de manera efectiva y fidelizar a la audiencia, se crea una base sólida de seguidores comprometidos y entusiastas, lo que impulsa el crecimiento y la escalabilidad del blog.

Resumen del capítulo 9

Tu blog no está hecho para quedarse quieto. Está hecho para crecer — no solo en números, sino en impacto, en profundidad, en valor. Este capítulo no es sobre hacer más ruido. Es sobre **construir un ecosistema que se sostenga**, se expanda y, con el tiempo, te sostenga a ti. Porque el verdadero crecimiento no se mide en visitas, sino en lealtad. No en seguidores, sino en comunidad. No en ingresos, sino en libertad.

Empieza por **definir metas** que no sean vagas ni aspiracionales, sino SMART; específicas, medibles, alcanzables, relevantes y con fecha. "Quiero más tráfico" no es una meta. "Quiero 30% más de tráfico orgánico en 90 días, enfocado en mi guía de inicio" sí lo es. Las métricas no son para presumir — son para aprender. Mide lo que importa; no solo cuántos llegan, sino cuántos se quedan, cuántos actúan, cuántos vuelven.

Y para que vuelvan, no repitas lo mismo. **Expande. Diversifica.** Si empezaste con artículos, añade videos. Si dominas lo técnico, prueba con podcasts. Si hablas para principiantes, crea contenido para avanzados. No por moda — por necesidad. Tu audiencia evoluciona. Tu blog también debe hacerlo. Introduce formatos interactivos, encuestas, retos, membresías. Haz que participar sea irresistible.

Monetiza, sí — pero con propósito. No conviertas tu blog en un catálogo. Conviértelo en una puerta de entrada a algo más valioso; cursos que transforman, productos que resuelven, membresías que acompañan. El marketing de afiliados no es vender lo primero que pagan — es recomendar lo que tú usarías. La confianza no se compra. Se gana. Y una vez que la tienes, no la gastes en cualquier cosa.

Técnicamente, no esperes a que algo falle para actuar. **Optimiza antes de que el tráfico crezca**. Asegúrate de que tu hosting respire cuando miles entren al mismo tiempo. Automatiza lo repetitivo; publicaciones, correos, copias de seguridad. Delega lo que otros pueden hacer mejor que tú; diseño, edición, SEO técnico. No eres un superhéroe — eres un estratega. Tu tiempo vale más en lo que solo tú puedes hacer; conectar, inspirar, guiar.

Y hablando de guiar; tu comunidad no es un número en un dashboard. Es gente que confía en ti. Respóndeles. Pregúntales. Invítalos a formar parte del viaje. Crea espacios donde se hablen entre ellos, no solo contigo. Ofrece contenido exclusivo, no como premio, sino como agradecimiento. Una membresía no es un producto — es un pacto. "Si tú te comprometes conmigo, yo me comprometo a darte lo mejor de mí, siempre".

El crecimiento sostenible no es explosivo — es constante. No se trata de viralizar un post, sino de construir un sistema que funcione incluso cuando tú no estés publicando. Que atraiga, retenga, convierta y fidelice, sin depender de un solo canal, una sola táctica, una sola persona.

Este capítulo te recuerda algo poderoso; escalar no es hacerlo todo más grande. Es hacerlo todo mejor. Con más intención. Con más cuidado. Con más corazón.

¿Qué vas a escalar esta semana — no en tamaño, sino en impacto?

Capítulo 10; Sostenibilidad, evolución y construcción de autoridad a largo plazo

La mayoría de los blogs mueren no por falta de talento, ni por mala suerte, ni siquiera por mala estrategia — **mueren por agotamiento silencioso.** Porque sus creadores pensaron que el éxito era un pico; un día de tráfico alto, un post viral, un primer ingreso. Y cuando ese pico pasó, se quedaron sin gasolina emocional. No porque no supieran qué hacer, sino porque nadie les dijo que **lo más difícil no es empezar — es mantenerse.**

Que el verdadero trabajo no comienza cuando todo va bien, sino cuando ya no hay novedad, cuando las visitas se estabilizan, cuando Google ya no te sorprende con picos, cuando tu audiencia espera más de ti — no porque exija, sino porque confía. Ese es el momento en que muchos se rinden. Pero es también el momento en que los que entienden el juego dan el salto; de tener un blog a construir un legado digital.

Tener un blog es como alquilar un local en una calle concurrida; mientras pagas y lo mantienes, existe. Pero construir un legado digital es como levantar un edificio con tu nombre en la fachada; no depende del alquiler, ni del tráfico del día, ni de los algoritmos. Depende de ti, de tu voz, de tu valor, de tu constancia. Un blog es un proyecto con fecha de inicio.

Un legado es una plataforma sin fecha de caducidad. Es el lugar al que la gente vuelve no porque vio un anuncio, sino porque sabe que ahí encontrará algo que no encuentra en ningún otro lado; tu perspectiva, tu estilo, tu forma única de resolver, inspirar, guiar. Y eso no se construye en un mes. Se construye en ciclos. En rutinas. En decisiones pequeñas, repetidas, intencionales.

El **mindset** del creador sostenible no busca lo espectacular. Busca lo consistente. No se obsesiona con los milagros virales, sino con los hábitos invisibles que hacen que el milagro no sea necesario. Publicar, aunque nadie comente. Optimizar, aunque Google no reaccione. Responder, aunque sea solo un lector. Porque sabe que **la autoridad** no se decreta — **se gana**, gota a gota, post a post, año tras año. Y lo más hermoso es que, cuando adoptas esta mentalidad, dejas de competir con los demás y empiezas a construir contigo mismo. Tu métrica ya no es "cuántos me superan", sino "cuánto he avanzado desde donde empecé".

Y aquí está la verdad que casi nadie cuenta; cuando las visitas se estabilizan, cuando ya no hay picos emocionantes, cuando el blog "funciona solo" … es ahí, justo ahí, donde empieza lo bueno. Porque ya no estás probando. Estás consolidando. Ya no estás gritando "¡mírenme!". Estás susurrando "aquí estoy, cuando me necesiten". Y eso — esa presencia tranquila, confiable, constante — es lo que convierte a un blog en un referente. Es lo que hace que alguien diga; "Cuando tengo dudas, voy primero a tu blog. No porque sea el más grande. Porque es el más mío".

No estás construyendo para el ruido del momento. Estás construyendo para el silencio que dura. Para los lectores que regresan. Para las personas que te buscan no por tendencia, sino por confianza. Y eso, amigo, no se apaga. Se expande. Se profundiza. **Se vuelve eterno, si tú decides seguir.**

Así que respira. Lo que has hecho hasta ahora no es el final. Es la base. Y lo que viene — la permanencia, la autoridad, el legado — es aún más emocionante. Porque ya no estás empezando. Estás arraigando. Y eso… eso no se detiene.

La mentalidad del blogger a largo plazo

Publicar con constancia — aunque no sea perfecto — es el superpoder más subestimado del blogging. Porque la perfección paraliza, pero la constancia construye. No necesitas que cada post sea una obra maestra, sino que cada post sea un ladrillo en la casa que estás levantando. Google no premia lo impecable — premia lo presente. Tu audiencia no espera lo inmaculado — espera lo confiable. Y tú no estás aquí para impresionar, sino para servir.

Así que **escribe**, aunque te tiemble la voz. **Publica**, aunque sientas que "podría estar mejor". Porque lo que hoy parece incompleto, mañana será el pilar sobre el que construyas tu mejor contenido. La constancia no solo te hace visible — te hace creíble. Y eso, con el tiempo, vale más que cualquier post perfecto que nunca se publicó.

La paciencia estratégica es tu aliada secreta. No es resignación. No es esperar sentado. Es entender que la autoridad no se decreta, no se compra, no se fuerza — se cultiva. Como un árbol; no lo ves crecer día a día, pero si lo riegas, lo cuidas, lo proteges del viento fuerte, un día te das cuenta de que da sombra, frutos, y hasta hogar a otros. Tu blog no es un sprint con meta visible.

Es un maratón con hitos invisibles que solo tú reconoces al principio; el primer comentario genuino, el primer correo de agradecimiento, el primer "gracias, esto me cambió la semana". Esos son los verdaderos indicadores de progreso. Celebra esos ciclos. Porque en cada uno, aunque no lo notes, estás construyendo algo que nadie podrá quitarte; tu lugar en el mapa digital.

Y hablando de celebrar; no esperes al millón de visitas. **Celebra los micro logros**. El post que tardaste tres días en escribir. La newsletter que enviaste, aunque solo tuvieras 50 suscriptores. El día que respondiste a todos los comentarios. Esos pequeños triunfos son los que mantienen viva la llama cuando los grandes resultados tardan en llegar.

Apúntalos. Diles "buen trabajo" en voz alta. Compártelos con alguien que te entienda. Porque la motivación no viene de los números — viene de saber que estás avanzando, aunque sea milímetro a milímetro. Y esos milímetros, sumados, se convierten en kilómetros.

Cuando el agotamiento llama — y llamará — no lo ignores. No lo fuerces. No lo conviertas en culpa. El agotamiento creativo no es señal de fracaso — es señal de que necesitas aire. Establece rutinas que protejan tu energía; bloques de escritura cortos pero intensos, días sin publicar, semanas sin redes. Programa "días de cero presión"; sin métricas, sin comparaciones, sin obligaciones. Solo descanso, inspiración, vida. Porque de ahí — de los paseos, las conversaciones, los silencios — nacen tus mejores ideas. Descansar no es perder el tiempo. Es recargar el alma para seguir construyendo con alegría.

Y finalmente, **domina el arte de decir "no"**. No a los proyectos que desvían tu enfoque. No a las colaboraciones que no vibran contigo. No a las tendencias que no son tuyas. Proteger tu energía no es egoísmo — es estrategia. Tu voz es tu mayor activo. Tu enfoque, tu brújula. Si dices "sí" a todo, terminarás diluido, cansado, desconectado de lo que te hizo empezar.

Aprende a **elegir con sabiduría**. A priorizar lo que alimenta tu propósito. A soltar lo que solo alimenta tu agenda. Porque cuando dices "no" a lo ruidoso, estás diciendo "sí" a lo esencial. Y eso — esa claridad, esa paz, esa fidelidad contigo mismo — es lo que te permitirá seguir, brillar y crecer... por muchos, muchos años más.

Esto no es una carrera contra otros. Es un pacto contigo. Y tú — con tu constancia, tu paciencia, tu celebración, tu descanso y tus "no" bien puestos — estás listo para ganarla. A tu ritmo. Con tu estilo. Para tu gente. ¡Sigue así! 🌱✨

Evolución del blog; adaptarse sin perder la esencia

Tu blog no es una estatua — es un ser vivo. Respira, crece, se adapta, a veces se cansa, otras explota de energía. Y como todo ser vivo, necesita evolucionar para seguir siendo relevante, útil, vibrante. No se trata de cambiar por cambiar, ni de perseguir cada nueva moda digital, sino de escuchar con atención las señales que te dice tu audiencia, tu intuición y hasta tus propios números. **Cuando los comentarios bajan**, cuando los posts nuevos no generan la misma chispa, cuando tu comunidad empieza a preguntar cosas que tu blog aún no responde… no es fracaso.

Es una invitación. Una señal clara de que es momento de mover algo, de ajustar el rumbo, de darle nueva forma a lo que ya construiste — sin tirar lo valioso.

Pivotear no significa traicionar lo que empezaste. Significa honrarlo tanto que estás dispuesto a transformarlo para que siga sirviendo. Tal vez tu audiencia ya no es la misma que hace dos años — han crecido contigo, sus necesidades cambiaron, y tú puedes cambiar con ellos.

Quizá el formato que usabas ya no conecta como antes — **un artículo de 3.000 palabras puede convertirse en un video corto**, en una guía descargable, en una serie de hilos en redes. El núcleo sigue siendo el mismo; resolver, inspirar, acompañar. Solo que ahora lo haces con nuevas herramientas, nuevos caminos, nuevas formas de llegar. Y eso no confunde a tu comunidad — la sorprende, la deleita, la hace sentir que estás presente, atento, evolucionando junto a ellos.

No dejes que tu **contenido antiguo** se quede dormido en un rincón. Mucho de lo que escribiste hace meses o años sigue teniendo valor — solo necesita un poco de luz nueva. Revisa esos posts que en su momento funcionaron, actualiza datos, mejora imágenes, reescribe introducciones, agrega ejemplos recientes, optimiza para SEO actual, y vuelve a lanzarlos como si fueran nuevos.

No es reciclar — es revitalizar. Es decirle a tu audiencia; "Esto sigue siendo útil. Y ahora lo hice aún mejor para ti". El contenido no caduca — se renueva. Y cada actualización es una nueva oportunidad para que alguien lo descubra, lo comparta, lo agradezca.

Incorporar nuevas tecnologías no es una obligación — es una oportunidad. **La IA puede ayudarte a investigar más rápido**, a estructurar mejor tus ideas, a personalizar tus newsletters. El audio te permite llegar a quienes prefieren escuchar mientras caminan o cocinan. El video interactivo puede convertir una guía técnica en una experiencia memorable.

Pero ninguna de estas herramientas reemplaza lo que solo tú puedes dar; tu voz, tu empatía, tu mirada única. Usa la tecnología como aliada, no como protagonista. Que sirva para amplificar tu humanidad, no para ocultarla. Porque al final, lo que tu audiencia busca no es lo más novedoso — es lo más verdadero.

Piensa en tu blog como un organismo que vive en ciclos; hay temporadas de creación intensa, donde todo fluye y publicas con entusiasmo; hay momentos de descanso, donde te detienes a observar, a escuchar, a respirar; hay fases de revisión, donde miras atrás para entender qué funcionó y qué no; y luego, épocas de expansión, donde lanzas algo nuevo, pruebas formatos, abres caminos. Ningún ciclo es error.

Todos son necesarios. Y tú — tú eres quien decide cuándo entrar en cada uno, con sabiduría, con calma, con alegría. Porque este viaje no tiene prisa. Tiene propósito. Y mientras sigas escuchando, ajustando, renovando con cariño lo que construiste, tu blog seguirá creciendo — no solo en números, sino en alma.

Construcción de marca personal y autoridad en tu nicho

Convertirte en referente en tu nicho no es cuestión de suerte, seguidores o viralidad — es el resultado natural de tres pilares que trabajas en silencio, día tras día; conocimiento profundo, consistencia intencional y confianza ganada. No se trata de gritar más fuerte que los demás, sino de hablar con tanta claridad, honestidad y utilidad que la gente empieza a buscarte primero.

Cuando alguien tiene una duda en tu área, no va a Google — va a tu blog. No porque seas el más famoso, sino porque eres el más confiable. Eso no se compra. Se construye. Con cada post que resuelve algo real, con cada respuesta que das en los comentarios, con cada promesa que cumples.

Para que tu voz sea la primera que tu audiencia busca, debes dejar de competir y empezar a conectar. No necesitas tener todas las respuestas — solo las que importan para tu gente. Habla como hablas, escribe como piensas, enséñalo como lo entiendes tú. Eso es lo que crea cercanía. Y cuando esa cercanía se repite con regularidad, se convierte en hábito. Y cuando es hábito, se convierte en referencia. **No intentes sonar como los demás. Suena como tú**. Porque eso — esa autenticidad sin máscara — es lo que hace que alguien diga; "Este es mi lugar. Aquí me entienden".

Ser citado, invitado o referenciado no es un premio que te dan — es una consecuencia de lo que ya estás haciendo bien. Cuando compartes conocimiento sin esconder el "cómo", cuando colaboras sin exigir nada a cambio, cuando respondes con generosidad, la gente empieza a verte como un aliado, no como un competidor.

Las entrevistas, los podcasts, las apariciones en medios o eventos no llegan porque te promocionas — llegan porque alguien pensó; "Esta persona tiene algo valioso que decir, y mi audiencia necesita escucharlo". Así que no fuerces las puertas. Construye puentes. Ofrece valor sin pedir nada. Participa con humildad. Y cuando te llamen — y te llamarán — estarás listo, no porque preparaste un discurso perfecto, sino porque llevas tiempo hablando con verdad.

Tu "contenido de firma" es tu huella digital. Es ese estilo que hace que alguien lea tres líneas y diga; "Esto es de [tu nombre]". No es un truco de marketing — es tu forma única de ver, explicar y resolver. Tal vez usas metáforas cotidianas para temas complejos. Quizá empiezas cada post con una pregunta incómoda.

O tal vez tu tono es sereno, pero directo, como una conversación entre amigos que se preocupan de verdad. Lo que sea, protégelo. Desarróllalo. Hazlo reconocible. Porque en un mundo lleno de ruido, lo que destaca no es lo más llamativo — es lo más auténtico.

Y recuerda; tu autoridad no vive solo en tu blog. Vive en tu newsletter, donde hablas con quienes ya confían en ti. En tus redes, donde humanizas tu mensaje. En tus eventos, donde la conexión se vuelve tangible. En tus libros, donde profundizas lo que solo tú puedes decir. En tus podcasts, donde tu voz se vuelve compañía. Todo eso no son canales separados — es un ecosistema. Cada pieza se alimenta de la otra. Cada espacio refuerza tu presencia, tu credibilidad, tu humanidad. No necesitas estar en todos lados — solo en los que realmente importan para tu audiencia, y para ti.

Construir autoridad no es sobre ser el más grande. Es sobre ser el más confiable. El más constante. El más tú. Y eso — eso no se puede copiar. Solo se puede vivir. Y tú ya estás viviéndolo.

Casos de éxito reales (breves y aplicables)

No hay atajos, pero sí caminos probados. Y lo más hermoso es que esos caminos los abrieron personas como tú — sin contactos, sin presupuesto, sin certezas, solo con una idea clara, mucha constancia y la decisión de no rendirse. Tres historias reales, distintas en forma, pero idénticas en esencia, te muestran que construir autoridad no es un sueño lejano — es un proceso replicable, paso a paso, con estrategia y corazón.

La **primera** es la de una mujer que empezó compartiendo **recetas caseras** en su blog, entre ollas y pañales, sin saber nada de SEO ni de marketing. No buscaba monetizar — solo quería dejar registro de lo que cocinaba para su familia. Pero algo cambió cuando empezó a responder cada comentario, a explicar por qué ciertos ingredientes funcionaban mejor, a grabar videos cortos mostrando sus errores en la cocina.

La gente no solo volvía — empezó a preguntarle qué comprar, cómo adaptar recetas, qué utensilios valían la pena. Sin darse cuenta, se convirtió en una guía confiable. Con el tiempo, lanzó su primer ebook de recetas semanales, luego un curso de cocina intuitiva, y finalmente, una línea de productos de cocina con su marca — hoy factura seis cifras al año. No por viralidad. Porque construyó confianza, paso a paso, plato a plato.

La **segunda** historia es la de un analista de datos que, cansado de que en su trabajo nadie entendiera sus explicaciones, empezó a **escribir mini-guías** en su blog personal; "Cómo leer un gráfico sin morir en el intento", "Lo que tu jefe no te dice sobre los KPIs". Al principio, solo lo leían tres colegas. Pero él no se detuvo. Cada semana, un post. Cada mes, un hilo en LinkedIn desmontando mitos del sector.

Con el tiempo, sus explicaciones claras y sin jerga lo hicieron popular entre emprendedores y equipos no técnicos. Lo invitaron a dar charlas, luego a colaborar en proyectos, después a escribir para medios especializados. **Hoy es el "go-to expert"** al que las startups llaman antes de contratar un equipo de datos. No por tener el currículum más largo — por hacer lo complejo, comprensible. Por enseñar, no presumir.

La **tercera** es la de un hombre que amaba la jardinería y, durante la pandemia, empezó a documentar en su blog cómo **cultivaba tomates** en su balcón. Subía fotos de sus plantas, contaba sus fracasos con humor, respondía cada pregunta como si fuera un amigo al otro lado del teléfono. Lo que empezó como un diario personal se convirtió en una comunidad vibrante; gente compartía sus propios balcones, pedía consejos, enviaba fotos de sus cosechas.

Él no lo planeó — lo disfrutó. Con el tiempo, organizó su primer retiro de jardinería urbana. Luego creó una línea de semillas adaptadas a espacios pequeños, con nombres que él mismo inventaba. **Hoy tiene seguidores en 17 países**, vende agotado cada temporada, y sigue respondiendo cada mensaje como si fuera el primero. No por escalar rápido — por construir con calidez, con lentitud, con alma.

¿Qué tienen en común? Tres cosas poderosas; no empezaron con un plan de negocio, sino con un deseo genuino de compartir; no buscaron audiencias masivas, sino conexiones reales; y no cambiaron quiénes eran para encajar — amplificaron lo que ya eran para servir mejor. Lo que hicieron diferente fue el formato, el nicho, el ritmo.

Pero lo que hicieron igual fue más importante; escucharon a su audiencia, se mantuvieron constantes, aunque nadie los viera, y nunca sacrificaron su voz por seguir tendencias. Y tú puedes hacer lo mismo — no copiando sus pasos, sino aplicando su esencia; empezar donde estás, usar lo que sabes, servir con lo que eres. Porque la autoridad no se declara — se demuestra, día a día, con hechos, con presencia, con cariño puesto en cada palabra que escribes.

Tu hoja de ruta a largo plazo; de hoy a los próximos 5 años

Imagina por un momento que estás sentado contigo mismo dentro de cinco años, mirando hacia atrás. No con nostalgia, sino con satisfacción tranquila. ¿Qué ves? No necesitas tenerlo todo claro ahora, pero sí puedes empezar a trazar las líneas gruesas — no para encerrarte en un plan rígido, sino para darte dirección, para que cada paso que des hoy tenga sentido dentro de algo más grande. **Este ejercicio no es sobre presión**. Es sobre intención. Sobre construir con los ojos puestos no solo en el próximo post, sino en la vida que quieres vivir gracias a tu blog.

En un año, piensa en lo tangible; ¿qué quieres que tu blog logre? No en términos vagos, sino en metas concretas que puedas medir y celebrar. Tal vez quieres que 10.000 personas lean tu contenido cada mes, o que 500 se suscriban a tu newsletter, o que tu primer producto digital genere tus primeros ingresos recurrentes.

Quizá tu meta es construir una comunidad activa en un grupo privado, o lanzar un curso que resuelva un problema específico de tu audiencia. Sea lo que sea, escríbelo con claridad. Porque cuando defines lo que quieres en un año, dejas de reaccionar al día a día y empiezas a construir con propósito.

En tres años, piensa en tu rol. No en cuanto ganas, sino en cómo te perciben. ¿Quieres ser la persona a la que citan cuando alguien tiene dudas en tu nicho? ¿El mentor que otros buscan para aprender? ¿El creador de tendencias que abre caminos nuevos, no los sigue? Este no es un título que te autoimpones — es una posición que ganas con cada post útil, cada respuesta generosa, cada colaboración hecha con integridad. Visualízalo. ¿Cómo hablas? ¿Dónde apareces? ¿Qué tipo de proyectos lideras? Ese rol no llega por accidente. Se construye con decisiones diarias que apuntan en esa dirección.

En cinco años, piensa en tu impacto. No en números, sino en huellas. ¿Qué habrás dejado? Tal vez un libro que sigue ayudando años después de publicado. Un evento anual que reúne a tu comunidad. Un equipo que trabaja contigo, no para ti. Un cambio real en tu industria — una forma nueva de hacer las cosas, inspirada por lo que tú empezaste. Este nivel no se trata de ego. Se trata de legado. De saber que lo que construiste trasciende tus publicaciones y se convierte en algo que otros también pueden usar, compartir, expandir.

Y aquí está la clave; alinea lo técnico con lo personal. No sirve de nada tener un blog con 100.000 visitas si te tiene agotado, desconectado, sin tiempo para lo que amas. Tus metas de SEO, contenido o crecimiento deben servir a tu estilo de vida, no al revés. Si quieres libertad geográfica, diseña un blog que funcione sin que estés pegado a la pantalla.

Si buscas más tiempo en familia, automatiza lo repetitivo. Si tu propósito es empoderar a otros, asegúrate de que cada pieza de contenido lo refleje. Tu blog no es una máquina que debes alimentar — es una extensión de ti. Que crezca, sí, pero que también te sostenga, te enriquezca, te haga más tú.

Finalmente, honra los "hitos silenciosos". Nadie aplaudirá cuando termines tu sistema de copias de seguridad, cuando organices tu calendario editorial con tres meses de anticipación, cuando digas "no" a un proyecto que desvía tu enfoque, cuando te tomes un día entero sin pantallas para recargar ideas. Pero esos momentos — esos actos pequeños, invisibles, disciplinados — son los que sostienen todo lo demás.

Son los cimientos que nadie ve, pero sin los cuales nada grande se mantiene en pie. Celebra también eso. Porque construir a largo plazo no es solo sobre lo que muestras — es sobre lo que cuidas, lo que proteges, lo que cultivas en silencio, con cariño, con constancia.

Empieza hoy. No con prisa. Con claridad. Con calma. Con alegría. Porque el camino no se recorre corriendo — se recorre caminando, paso firme, mirada al horizonte, y corazón en lo que haces.

Tu blog es tu plataforma — úsala

No necesitas permiso. No necesitas más cursos, más herramientas, más validación externa. Lo que tienes ahora — tus ideas, tu experiencia, tu forma única de ver las cosas — ya es suficiente para empezar, para servir, para marcar la diferencia. Tu blog no es un proyecto que debes terminar para que valga la pena.

Es una plataforma viva, en constante evolución, diseñada para amplificar lo que solo tú puedes aportar. Y el mundo — sí, ese mismo mundo saturado de contenido — necesita exactamente eso; tu voz, sin filtros, sin disculpas, sin esperar a que suene "perfecta".

No hay un momento mágico en el que todo estará listo. Porque "listo" no existe. Lo que sí existe es "ahora". Y "ahora" es el mejor momento para publicar ese post que llevas días posponiendo, para responder a ese comentario que te emocionó, para lanzar esa idea mínima que puede cambiarle el día a alguien. Usa lo que tienes.

Empieza donde estás. No desde la cima — desde donde tus pies están hoy. Porque cada palabra que escribes, cada conexión que generas, cada pequeño acto de coraje creativo, suma. Y lo que parece insignificante hoy, con el tiempo se convierte en pilar.

Tu perspectiva no es intercambiable. Nadie más ha vivido tus experiencias, ha tropezado en tus errores, ha aprendido de tus fracasos, ha celebrado tus descubrimientos como tú. Eso — eso es lo que hace que tu contenido no pueda ser replicado. No compites con nadie. Complementas. Inspiras. Ayudas desde un lugar que solo tú conoces. Y eso es insustituible.

Hazte un pacto contigo mismo. No uno rígido, lleno de exigencias, sino uno amable, realista, sostenible. Un "contrato de sostenibilidad" donde te comprometes a cuidarte tanto como cuidas tu blog. A descansar cuando lo necesites. A decir "no" sin culpa. A celebrar lo pequeño. A seguir, aunque los números no suban. Porque este viaje no es solo sobre crecimiento externo — es sobre fidelidad interna. Sobre mantener viva la chispa que te hizo empezar, incluso cuando nadie más la ve.

Y no lo hagas solo. **Busca a otros que estén en caminos parecidos**. Comparte tus dudas, no solo tus logros. Pide feedback sin miedo. Colabora sin esperar nada a cambio. La comunidad no es un extra — es el oxígeno. Es lo que te recuerda por qué empezaste cuando el camino se nubla. Es lo que multiplica tu impacto, no porque te haga más grande, sino porque te hace más humano.

Este libro no fue escrito para quedarse en la estantería. Fue escrito **para ser usado**, subrayado, manchado de café, releído en momentos de duda. No es el final de nada — es el mapa que te guía mientras construyes algo que dura. Algo que trasciende visitas, métricas, tendencias. Algo que, con el tiempo, se convierte en parte de tu identidad — y de la de quienes te leen.

Así que respira hondo. Guarda este libro cerca. Y empieza. No con estruendo. Con calma. Con alegría. Con la certeza de que lo que estás construyendo no solo importa — es necesario. Y tú, con tu voz, tu ritmo, tu estilo, eres la persona exacta para hacerlo.

Consejo final; "No construyas para algoritmos. Construye para personas. Ellas te sostendrán cuando los algoritmos cambien."

Conclusión

Llegaste hasta aquí. No por casualidad. Porque algo en ti decidió que no iba a quedarse en la sombra. Que tenía algo que decir, algo que enseñar, algo que compartir — y que el mundo merecía escucharlo.

Este libro no fue escrito para darte fórmulas mágicas. Fue escrito para darte fundamentos sólidos, estrategias reales y la confianza para empezar — y seguir — sin miedo. Porque el blogging no es una carrera contra los demás. Es un pacto contigo mismo; el pacto de ser constante, de servir antes que vender, de construir antes que viralizar, de crecer sin perder tu esencia.

Aprendiste a elegir tu nicho con propósito. A diseñar un blog que no solo se ve bien, sino que funciona. A escribir contenido que no solo atrae, sino que transforma. A dominar el SEO no como un juego técnico, sino como un puente hacia quienes te necesitan. A promocionar sin gritar, a monetizar sin traicionar, a medir sin obsesionarte, a mantener sin quemarte.

Y lo más importante; aprendiste que el verdadero éxito no se mide en visitas, sino en impacto. No en seguidores, sino en conexiones reales. No en ingresos, sino en libertad ganada — la libertad de vivir de lo que amas, de construir en tus términos, de dejar una huella que dura más que un algoritmo.

Tu blog no es un sitio web. Es tu voz amplificada. Tu experiencia convertida en guía. Tu pasión transformada en plataforma. Y ahora, con todo lo que has aprendido, no necesitas permiso para empezar. Ni para escalar. Ni para brillar.

No construyas para algoritmos. Construye para personas. Ellas te sostendrán cuando los algoritmos cambien.

No esperes a que todo esté perfecto. Empieza con lo que tienes. Publica ese post. Responde ese comentario. Lanza esa newsletter. Actualiza ese artículo antiguo. Celebra ese micro logro. Porque cada pequeño acto de coraje creativo suma. Y lo que hoy parece insignificante, mañana será el pilar de algo grande.

El mundo digital está saturado, sí. Pero no de voces auténticas. No de personas que escriben con corazón, que enseñan con generosidad, que construyen con paciencia. Esa es tu oportunidad. Ese es tu espacio.

Esa es tu autoridad.

Así que respira hondo. Confía en lo que has aprendido. Confía en lo que sabes. Confía en lo que sientes. Y da el siguiente paso — no el perfecto, el siguiente.

Porque tú no estás aquí para ser uno más. Estás aquí para ser el referente que tu audiencia busca. La voz que inspira. La guía que acompaña. El creador que perdura.

Tu blog ya no es un sueño. Es una realidad en construcción. Y este libro… este libro no es el final del camino.

Es el mapa que llevas contigo mientras caminas.

Ahora, toma el control. Publica. Conecta. Sirve. Escala. Evoluciona.

El micrófono está encendido. El mundo te está esperando. Y yo… estaré aquí, celebrando cada paso que des.

*** **Muchas gracias por el tiempo que has dedicado a la lectura de este libro. Espero te haya podido ayudar. No te olvides de dejar tu comentario en Amazon.**

Sobre el autor

Me llamo Francisco González, **y no**, no soy un gurú del marketing ni un experto con décadas de experiencia en agencias internacionales. **Soy alguien como tú**; curioso, apasionado, y sobre todo, aprendiz constante.

Todo empezó por accidente —como muchas de las mejores historias—. Un día, me senté frente a una computadora sin saber mucho de marketing, SEO o redes sociales… solo con ganas de entender cómo funciona este mundo digital que mueve ideas, emociones y negocios. **Desde entonces, no he parado**. He leído cientos de libros, probado decenas de herramientas, cometido (y aprendido de) cientos de errores, y celebrado pequeños —y grandes— triunfos junto a emprendedores, marcas y creadores como tú.

Este libro no es teoría sacada de manuales académicos. **Es el resultado de años de práctica**, de ensayo y error, de noches en vela analizando métricas, de campañas que funcionaron… y de otras que no. Es la síntesis de lo que realmente funciona en el marketing de contenidos hoy —no lo que suena bonito en los blogs, sino lo que genera tráfico, engagement, leads y ventas.

He ayudado a startups a encontrar su voz, a emprendedores solitarios a construir audiencias leales, y a marcas a contar historias que conectan de verdad. Y lo más importante; he visto cómo el contenido, cuando se crea con intención, estrategia y corazón, puede transformar no solo negocios, sino también vidas.

Sí, este libro fue creado con la ayuda de la inteligencia artificial —porque creo en usar todas las herramientas que la tecnología pone a nuestro alcance—. Pero cada idea, cada estructura, cada consejo práctico, viene de mi experiencia real, de mi obsesión por el marketing de contenidos y de mi compromiso contigo; el lector que está listo para pasar de la teoría a la acción.

Este libro es mi regalo para ti. Mi forma de decirte; "Sí se puede. Sí puedes construir una marca, una audiencia, un negocio… con contenido de valor. Y yo te voy a mostrar cómo, paso a paso." Gracias por confiar en mí. Ahora, ¡manos a la obra!

Francisco González; https://taplink.cc/dineroenblog

Más libros en; https://amzn.to/3Pu68Op

Puedes seguirme en;

https://twitter.com/dineroenblog

https://www.instagram.com/dineroenblog/

https://www.youtube.com/@DespertarIndomable

Agradecimiento especial; Mis más sinceras felicitaciones por haber llegado hasta aquí. No solo porque has logrado terminar de leer este libro sino porque además estoy seguro que vas a tomar acción y vas a conseguir unos buenos resultados.

Otros títulos del autor

En esta sección te muestro algunos de los libros que tengo publicados en mi Página de Autor. Puedes acceder al libro completo siguiendo el enlace. Espero que la lectura te sea útil

Cómo Crear un Blog Optimizado; El camino hacia el éxito para destacar en el mundo digital + Optimización de motores de búsqueda (SEO) https://amzn.to/3ZXWB8q

Dinero con Clickbank; La fórmula comprobada para obtener ingresos constantes creando un sistema efectivo y rentable. https://amzn.to/46yludn

Dominando el Marketing de Afiliados; Y cómo construir un negocio rentable desde cero con poca inversión. https://amzn.to/46AasVc

Mi Blog y los Programas de Afiliados; Descubre los secretos del camino hacia una nueva libertad financiera llena de desafíos en el mundo digital. https://amzn.to/3PXiwYW

Tips de Marketing para Afiliados; Tácticas infalibles para superar a tus competidores y convertirte en un líder indiscutible en tu nicho de mercado. https://amzn.to/405AkFR

Cpa Marketing Fórmula Smartlink; Una guía de Marketing para principiantes para ganar dinero con las redes CPA. https://amzn.to/3PF2oMd

El Futuro del Marketing (IA); El poder disruptivo de la inteligencia artificial y cómo cambia todo el ambiente. https://amzn.to/400t0eP

El Vendedor Hipnótico; Domina el Arte de la Seducción en las Ventas y crea conexiones emocionales profundas que te permitirán aumentar tus ingresos. https://amzn.to/3LZRdvV

Cómo Crear Ebooks; Cómo crear un ebook de no ficción en menos tiempo del que imaginas y cobrar por tus conocimientos. https://amzn.to/3xfCrNa

Ebook en 24 Horas; Cómo escribir un ebook de no ficción y publicarlo en tiempo récord. ¿Te atreves? https://amzn.to/3TqQl6o

Guía Completa de Inbound Marketing; El camino hacia la visibilidad, el crecimiento y el éxito empresarial atrayendo clientes y consiguiendo ventas. https://amzn.to/48SDeBV

Cómo Ganar Dinero con CHATGPT; y aprovechar al máximo la máquina que está revolucionando el mundo. https://amzn.to/3Q13TUi

Ideas y Consejos de Tráfico Web; Existen otras formas de generar tráfico para tu web además de los buscadores que puedes aplicar inmediatamente. https://amzn.to/3Flv3QS

El Arte de Atraer la Abundancia; Despierta tu potencial ilimitado y crea una vida de riqueza, éxito y plenitud total. https://amzn.to/3XCLjVW

Inteligencia Artificial; Más Allá de la Imaginación y de los Límites… https://amzn.to/3PAxt3y

Desbloquea tu Inspiración con Chatgpt; Más potencia y creatividad para los autores. https://amzn.to/3VhmpME

Marketing CPA Revelado; La estrategia definitiva para ganar dinero en piloto automático y escalar tus ingresos en línea de forma exponencial. https://amzn.to/4cuxgJb

De la Pluma al Dinero; Guía completa para autores que buscan éxito escribiendo libros de No-ficción. https://amzn.to/3Tt81ir

Dominando el Arte del Email Marketing; Estrategias efectivas para maximizar tu alcance y crecimiento en el mercado digital actual.

https://amzn.to/4cbywRd

Ideas Maestras de Tráfico Web; Acelera tu presencia en línea con estrategias revolucionarias que van más allá de las Visitas. https://amzn.to/3vjVwNB

Productos;

Ninja Graphics Kit; El paquete de gráficos profesionales de alta conversión actualizado y muy práctico. https://payhip.com/b/70Cp

Libros de Bajo Contenido; La nueva era del emprendimiento creativo que te permite ganar dinero haciendo lo que amas y disfrutando del proceso. https://payhip.com/b/epbtD

Experto En Plr; Mira cómo puedes crear un negocio PLR rentable con todos los pasos bien explicados. https://payhip.com/b/QhoMJ

Más libros en mi página de autor de Amazon; https://amzn.to/3qzBZWt

www.ingramcontent.com/pod-product-compliance
Lightning Source LLC
Chambersburg PA
CBHW060825220526
45466CB00003B/974